特殊土路基振动响应特性与永久变形研究

王子玉　王立娜　著

中国水利水电出版社
www.waterpub.com.cn
·北京·

内 容 提 要

我国现有三分之二以上干线铁路交通位于季节冻土区，受季节冻土区铁路路基冻融状态的影响，季节冻土区列车行驶引起路基振动响应特性较复杂。本书对车辆荷载作用下特殊土路基振动响应特性与永久变形进行了研究，重点分析了深季节冻土区铁路路基振动反应现场监测、深季节冻土区列车行驶振动下路基土动力学参数试验研究、深季节冻土区铁路路基温度场模拟分析等。

本书结构合理，条理清晰，内容丰富新颖，可供相关研究人员参考使用。

图书在版编目(CIP)数据

特殊土路基振动响应特性与永久变形研究/王子玉，王立娜著. —北京：中国水利水电出版社，2019.3 （2024.10重印）

ISBN 978-7-5170-7548-6

Ⅰ. ①特… Ⅱ. ①王… ②王… Ⅲ. ①铁路路基—冻土地基—列车振动—研究 Ⅳ. ①U213.1

中国版本图书馆 CIP 数据核字(2019)第 056783 号

书　　名	特殊土路基振动响应特性与永久变形研究 TESHU TU LUJI ZHENDONG XIANGYING TEXING YU YONGJIU BIANXING YANJIU
作　　者	王子玉　王立娜　著
出版发行	中国水利水电出版社 （北京市海淀区玉渊潭南路 1 号 D 座 100038） 网址：www. waterpub. com. cn E-mail：sales@waterpub. com. cn 电话：(010)68367658(营销中心)
经　　售	北京科水图书销售中心(零售) 电话：(010)88383994、63202643、68545874 全国各地新华书店和相关出版物销售网点
排　　版	北京亚吉飞数码科技有限公司
印　　刷	三河市华晨印务有限公司
规　　格	170mm×240mm　16 开本　10 印张　174 千字
版　　次	2019 年 7 月第 1 版　2024 年 10 月第 3 次印刷
印　　数	0001—2000 册
定　　价	52.00 元

前　言

我国现有 2/3 以上干线铁路交通位于季节冻土区，受季节冻土区铁路路基冻融状态的影响，季节冻土区列车行驶引起路基振动响应特性较复杂。实践与研究结果表明，在季节冻土区，当冻结深度达到 0.5m 时便对工程有重要影响，而冻结深度达到 1.0m 则对工程有严重影响。鉴于此，本书以我国东北典型深季节冻土区铁路路基冻融病害防治为应用背景，对列车荷载作用下冻融土的动力性能与主要影响因素、列车行驶引起季节性冻胀路基振动响应特性与主要影响因素、列车行驶长期反复振动下季节性冻胀路基变形特点与主要影响因素等关键问题进行了基础性研究，主要研究内容与取得的成果如下。

(1) 为研究深季节冻土区铁路路基在不同冻结时期振动特性，进行了深季节冻土区铁路路基完整冻融循环（冻结期、春融期、正常期）的列车行驶路基振动响应现场监测，揭示了不同季节与冻融状态下路基振动响应特性、振动衰减规律，并据此研究了列车类型、载重、行驶速度、冻融状态、振动方向等因素对路基振动幅频特性的影响。

(2) 采用室内低温动三轴试验方法，针对不同负温、加载频率、反复冻融条件设计室内试验工况，深入系统地研究了典型深季节冻土区铁路路基冻结粉质黏土的动力本构关系、动剪切模量、阻尼比及其主要影响因素。研究表明，冻土、融土动应力-应变关系受温度、冻融循环次数与加载频率等因素影响，动剪切模量倒数与动应变之间具有明显的线性关系，表明此路基粉质黏土动应力-应变关系符合双曲线模型。

(3) 通过 Python 语言编写程序，实现了应用 ABAQUS 软件参数化建立包括轨枕-道床-路基-场地的铁路路基三维无限元边界计算模型。基于典型季节冻土区铁路路基，建立考虑相变的三维路基温度场计算模型。根据大庆地区地表温度统计值，且考虑到地温升高趋势，预测哈尔滨-满洲里铁路路基建立至今的温度场时空分布。采用课题组自编程序计算得到的列车动荷载作为轨枕作用力输入，将数值计算的稳态温度场结果作为初始条件加到路基计算模型中，实现温度场与应力场的耦合，并对计算结果进行验证。

(4) 应用季节冻土区铁路路基三维有限元模型，分析不同冻结期列车行驶引起铁路路基内部及周围环境的振动响应特性。对列车荷载作用下路基的动应力、加速度幅频特性及幅值衰减规律等进行了深入研究。通过设定不同工况，分析列车类型、行驶速度、列车编组和轨道不平顺谱等对路基动力响应特性的影响。

(5) 基于冻土融土的静三轴固结不排水压缩试验和动三轴永久应变试验，建立了高寒深季节冻土区长期列车荷载下路基永久变形预测模型，并结合路基振动响应的三维动力有限元数值模拟分析，研究了不同季节与冻融状态下列车类型、轴重、速度与冻层厚度等因素对路基永久变形的影响。

本书在撰写过程中，参考了大量有价值的文献与资料，吸取了许多人的宝贵经验，在此向这些文献的作者表示敬意。此外，本书的撰写还得到了出版社领导和编辑的鼎力支持和帮助，同时也得到了学校领导的支持和鼓励，在此一并表示感谢。由于作者自身水平及时间有限，书中难免有错误和疏漏之处，敬请广大读者和专家给予批评指正。

作　者

2018 年 11 月

目 录

第1章 绪　论

1.1　研究背景与研究意义

1.1.1　研究背景

铁路是国家的重要基础设施，目前我国大量的中长途旅客运输和长距离物资运输均主要由铁路承担。由铁路运输完成的旅客周转量约占全社会旅客周转量的1/3以上，完成货物周转量约占全社会货物周转量的55%。近年来，随着各国铁路高速化和重载化的需求与快速发展，高速列车与重载列车引起的路基振动影响问题愈显突出。

作为世界第三冻土大国，中国季节冻土分布面积达514万km^2[1]，其中冻结深度超过1m且对工程有严重影响的高寒深季节冻土面积达367万km^2，主要分布于东北、内蒙古大部地区与新疆、青海、西藏部分地区。根据国家铁路发展中长期规划，我国各种干线铁路、支线铁路、地方铁路等主要建设于季节冻土区，极少数铁路干线位于多年冻土与季节冻土交汇区域。当今，货运重载化、客运高速化业已成为世界铁路大国轨道交通两大发展趋势[2-3]，高速列车的时速已达到350km、重载列车的载重已超过10000t，未来几十年仍将突飞猛进地发展重载铁路、高速铁路、快速客运专线等。轨道交通速度的不断提高、载重的不断加大使得动力学与振动问题日益突出[4]。

与非季节冻土地区不同，季节冻土区铁路路基经受随季节变化的周期性冻融循环作用，使路基土物理性质、力学性质和水理性质均发生较大改变，加之列车行驶引起的载荷长期反复振动双重作用[5-10]，使得季节冻土区铁路路基振动响应特性更为复杂，且长期永久变形稳定性与路基强度稳定性大幅降低。近年来，随着我国在季节冻土区新建铁路数量不断加大，新建线路与旧路路基的冻胀与融沉、翻浆冒泥等病害日益突出，业已成为制约我国寒区轨道交通重载化与高速化战略实施的一个重要瓶颈。

尽管世界上在冻土区修筑铁路已有一百多年历史，但是铁路运营状况并不乐观。例如，俄罗斯贝阿铁路1994年统计的线路冻融病害率为27.7%，1996年统计的线路冻融病害率仍达40.5%；我国东北季节冻土区铁路运营情况更差，线路冻融病害率不小于 40%（尤其是发生路基突然大幅度融沉的恶性破坏），仅哈尔滨铁路局管辖 9000 多 km 铁路 2009 年出现 7000~8000 处路基以沉陷为主的病害，牙林线 K74 处年沉陷量一般不小于 860mm、日最大沉陷量高达 30mm[11]，1962 年牙林线潮乌段 8km 处 5h 内路基融沉 1.4m 而造成机车脱轨、K197 处也发生一次融沉 1.5m 而迫使客车停车 4h。实践表明，铁路路基的冻胀与融沉，对于深季节冻土区铁路路基稳定性尤其关键，特别是冻胀问题，因为不仅冻胀本身直接影响路基在列车载荷下的稳定性，而且冻胀往往引起更为严重的融沉及与之伴随的翻浆、路肩热融坍塌、路堤边坡热融滑塌等现象。故此，制约我国季节冻土区铁路发展的重要瓶颈在于路基的冻胀、融沉及与之伴随的翻浆、坍塌、滑塌，以及在列车行驶长期反复振动作用下的路基稳定性。例如，2003 年我国季节冻土区铁路发生 2 万~3 万次路基冻胀与融沉病害，波及 19 个省、自治区、直辖市。综上所述，我国季节冻土区铁路路基由冻胀或由冻胀与融沉联合引起的路基失稳事例不胜枚举，路基冻害不仅给新建铁路和旧路维护带来巨大困难，同时给线路正常运营中行车安全带来较大影响。图 1-1 为冻结与融沉时期铁路路基冻害防治作业。

(a) 垫板整治冻害作业　　(b) 线路冻害整治

(c) 冻害地段抬道作业　　(d) 春融冻害回落处理

图 1-1 冻结与融沉时期铁路路基冻害防治作业

近十年来，随着我国在高寒区高速铁路与重载铁路发展的重大需求，对于轨道交通荷载作用下冻土的动力性能的研究日益受到国内外学者的广泛关注，但是对冻土动力性能的认识仍存在一些值得深入研究的盲区。目前，关于多年冻土区铁路路基列车行驶振动响应影响的研究已经起步。C.C.Вялов、Vyalov 和 Ladanyi B 等针对轨道交通振动荷载的长期反复作用下的动力流变问题进行深入研究[12-16]。关于多年冻土区列车高速、重载行驶对环境的振害效应问题，如刘奉喜、刘建坤、夏禾等[17-19]做了大量研究工作，并逐步重视多年冻土区铁路路基在列车高速行驶振陷方面研究。然而，国内外直接针对轨道交通荷载作用下的深季节冻土区铁路路基的稳定性与病害防治问题尚缺乏足够的研究，特别是考虑列车载荷与路基冻胀-融沉共同作用下，针对深季节冻土区铁路路基列车行驶振动响应特性与长期沉降永久变形预测方面的研究更是罕见报道。因此，为满足我国未来快速客运专线、高速铁路、重载铁路发展的需要，在对冻土场地、冻土工程地震灾害响应及非冻土场地工程震（振）陷有一定研究积累的同时，逐步重视深季节冻土区路基列车高速行驶振动响应特性与永久变形预测方面研究，是本领域未来进一步发展的新趋势。

1.1.2 研究目的与意义

铁路路基作为支撑轨道结构的土工构筑物，要同时承受线路上部结构自身的静荷载作用与列车行驶引起的长期反复振动作用。由于季节冻土区铁路路基经受随季节变化的周期性冻融循环作用，路基土物理性质、力学性质与水理均发生较大改变，使路基在列车行驶荷载作用下振动响应与累积沉降变形问题较非冻土区复杂。

在冻结期，由于温度梯度影响，冻土中未冻水总是向温度低的方向迁移，由水分原位冻结和迁移冻结共同作用使路基在冻结期产生明显冻胀，在列车行驶过程中，随着轮-轨接触点的振源波传入路基与场地，地下未冻水向冻结锋面不断迁移加剧，进而加剧路基冻胀作用，使得在轨道交通振动荷载的长期反复作用下振动响应问题更加突出。在春融期，气温逐渐回暖，路基表层土体逐步融化，由于其下部土体仍处于冻结状态，融化产生的水分无法及时从底部排出，于是形成饱水层使结构层刚度降低，此时在上部列车荷载作用下，路基永久变形亦增加。由此可见，对于季节冻土区铁路路基，在冻结期和春融期由于冻结和融化作用形成的冻胀与融沉变形是深季节冻土区铁路路基累积永久沉降变形与路基稳定性分析的关键。然而，目前国内外对轨道交通动力载荷作用下的深季节冻土区列车行驶路基振动响应特性与路基累积永久沉降变形预测问题尚缺乏足够的研究。鉴于上述，本书拟研究目标如下：

(1) 通过对典型深季节冻土区铁路路基在一个冻融循环期内路基振动加速度进行现场监测，定量分析列车行驶引起路基振动加速度时频特性、衰减规律与影响因素；同时为通过理论分析与数值模拟相结合手段研究列车行驶路基振动响应提供必要的可靠性验证依据。

(2) 为分析深季节冻土区铁路路基冻结、融化状态对路基振动响应特性的影响，建立考虑相变的三维铁路路基温度场计算模型，以此分析不同时期深季节冻土区铁路路基内部温度场时空分布规律。

(3) 建立包括轨枕-道床-路基-场地的三维有限元计算模型。采用课题组自编程序计算的列车动荷载作为轨枕作用力输入，将数值计算的稳态温度场结果作为计算模型初始条件，实现温度场与应力场的间接耦合，并对计算模型进行验证。

(4) 基于冻土与融土动三轴永久应变试验和动三轴固结不排水压缩试验，建立深季节冻土区长期列车荷载下路基土累积永久应变模型，并结合本书所建立的深季节冻土区三维铁路路基有限元温度场和动力响应模型，计算不同冻结时期列车类型、行驶速度和路基厚度等因素对深季节冻土区铁路路基永久沉降变形的影响。

因此，本书研究结果：第一，有利于认识深季节冻土区铁路路基冻土与融土在轨道交通荷载下本构关系与动力学参数；第二，有利于深入理解轨枕-道床-路基-场地动力相互作用理论，并在此基础之上了解深季节冻土区由季节性冻融循环与轨道交通荷载共同作用下路基振动响应特性；第三，认识冻融循环与长期列车荷载共同作用对季节冻土区铁路路基永久变形及稳定性的影响；第四，有利于进一步完善我国现行铁路规范对季节冻土区路基设计的若干技术细节，并为将来逐步建立适合于季节冻土区铁路路基的设计规范、施工规程、维护标准打下基础；第五，避免季节冻土区铁路路基冻害防治措施选择的盲目性，为季节冻土区铁路路基的设计及服役寿命预测提供了重要依据和参考。

1.2 国内外研究进展

1.2.1 列车荷载下冻土与融土的动力性能试验研究

1.2.1.1 冻融循环后融土力学性能试验

针对冻融循环后冻土的动力学研究方法目前主要采取室内试验方法。国外在此方面的研究开展较早[24-32]，Tsarapov[28]采用室内直剪试验研究了经历冻融循环后的融化沙壤土、壤土和黏土的剪切强度。Simonsen 等[29]对比常围压和变围压三轴试验的结果发现冻融循环作用影响较大。Alkire 等[31]通过对 Manchester 粉土和 Elo 黏土分别进行不同工况加载，发现冻融循环作用使土的强度有一定增强。Berg 等[32]研究了不同细粒土和粗粒土经历冻融循环作用后回弹模量的影响。Simonsen 等[30]通过对 New Hampshire 地区 5 种粗粒土和细粒土的动力学参数进行研究，结果表明经历一个冻融循环后，土的回弹模量降低了 20%～60%。国内关于冻融循环作用对土的力学性质影响进行了深入研究，其中马巍等[33]经研究发现冻融循环对石灰粉土剪切强度特性的影响明显。刘建坤等[34,35]研究了不同的冻结温度、冻融循环次数以及围压下石灰改良土与水泥土的静、动力学性能，研究结果表明：冻融循环作用下石灰土的应力-应变关系为硬化型，水泥土的应力-应变关系为软化型，改良土的黏聚力随冻融循环次数增加而减小。相对于静力试验，国内外学者对冻融循环后土在动荷载作用下的力学性能研究较少。魏海斌等[36-37]通过研究表明：粉煤灰土和粉质黏土的动强度在经历 3 次冻融循环后趋于稳定，并且在该试验中粉煤灰土动强度较大；经历 3~8 次冻融循环后，粉质黏土和粉煤灰土的动模量值相近且趋于稳定。戴文亭、凌贤长等[38,162]分别对经历冻融循环后的粉质黏土进行不排水动三轴试验，加载波形为正弦波，结果表明，冻融循环 3 次后粉质黏土的动模量与阻尼比变化不大，表明冻融循环超过 3 次后粉质黏土力学性质趋于稳定。Zhang Y[39]研究了冻融循环作用对粉土动剪切模量和阻尼比的影响，结果表明：冻融循环后融土的动剪切模量增加，当剪应变较小时阻尼比不变，当剪应变大于某一值时，随冻融循环次数增加阻尼比略有增加，如图 1-2 所示。

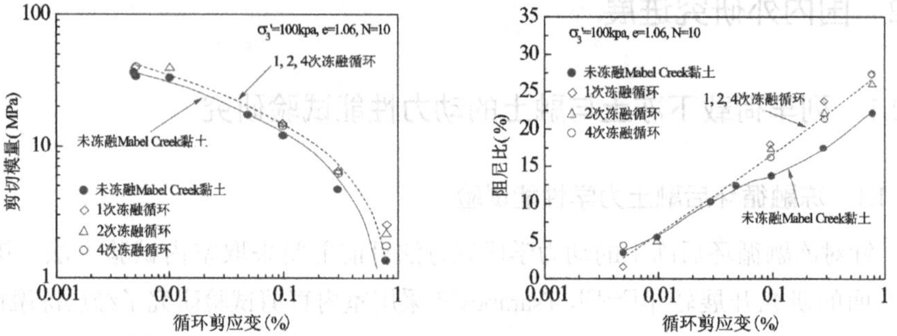

图 1-2 不同冻融循环次数下动剪切模量和阻尼比关系[39]

1.2.1.2 冻土动力学参数研究

20 世纪 70 年代初，国外开始进行冻土动力学研究，Li J C[40]和 T Chaichanavong[41]等基于低温动三轴实验，研究振动频率、容重、围压、负温等对冻土的动杨氏模量、阻尼比的影响。Ting J M 等[42]基于文献统计资料，研究冻结砂土的动强度特性。Finn W D L 等[43]基于 1964 年美国阿拉斯加州（Alaska）地震冻土场实测数据，研究冻土的动应力、动应变关系；Vinson T S 等[44-45]基于人工模拟地震荷载试验，研究冻结黏土、冻结砂土与含盐冻土的杨氏模量和阻尼比与围压、振动频率、负温、动应变幅值、含水量等之间的关系。

我国冻土动力学研究起步较晚，开始于 20 世纪 90 年代，经学者的潜心努力，目前冻土动力学研究已经取得了阶段性的成果。朱元林、何平等[46-48]通过大量室内冻土动三轴试验，认为冻土在振动荷载作用下的蠕变破坏准则与静载作用下的蠕变破坏准则具有相同的形式。徐学燕等[49-50]在分析大量低温动三轴试验资料基础上，建立了冻土双曲线模型的本构关系，应用回归分析的方法分别给出了振动频率、负温、动应变幅值等与冻土动弹性模量、阻尼比之间关系，分析结果表明：负温是影响冻土动力学特性的重要指标。施烨辉、何平等[51]针对青藏铁路高温冻土进行试验研究，结果表明：围压、频率、温度和含水量对冻土弹性模量均有影响，其中温度影响最大，动阻尼比随频率的增加或温度的降低而减小。赵淑萍等[52-53]针对青藏铁路粉质黏土和细砂进行室内试验，研究了动弹性模量和动阻尼比随频率、温度和含水量的变化规律，冻土动力学参数与冻结粉土的蠕变特征。凌贤长、徐学燕等[54-57]首次应用超声波在冻土中传播速度方法测定冻土动弹性力学指标，分析负温和含水率对冻土动弹性力学等指标的影响。沈忠言等[58-59]应用低温动三轴试验，研究冻结粉土的动强度与最初静有效正应力之间的关系，以及动强度破坏准则，同时考虑了振动频率、围压等对冻结粉土动力特性的影响。张淑娟等[60]通过一系列恒应力幅值循环动荷载试验研究冻土动强度，结果表明：冻土动强度与振动破坏时振次和围压有关。王丽霞、凌贤长等[61-64,162]基于冻土动三轴试验对铁路路基冻结粉质黏土的动力参数进行研究。徐春华等[65]基于室内试验研究了循环荷载作用下冻土的阻尼比的影响因素。朱占元、凌贤长　等[66-68]应用室内低温动三轴试验分析了青藏铁路冻结粉质黏土细砂的动弹性模量和动阻尼比变化特征。齐吉琳等[69]通过测量地脉动的方法分析脉动频谱特性随季节变化的规律。吴志坚等[70-71]通过对重塑冻结兰州黄土的动三轴试验，研究了地震荷载作用下冻土的动强度特性，定量研究了在不同温度和围压条件下的变化规律。王兰民等[72-73]基于对 2001 年 11 月 14 日昆仑山口西 8.1 级地震在多年冻土区所造成的地表变形与地震破坏特征的定量调查结果，通过冻土的动三轴试验，研究了地温对冻土动力特性的影响规律。李小稚、徐学燕等[74-75]基于现场剪切波速测试，对冻土场地地震加速度反应谱进行研究；张健明等[76]基于低温振动试验开展动载作用下桩-冻土之间冻结强度研究，并分析振动频率、含水量、载荷时间、负温、地基刚度、桩面粗糙度等影响因素；赖远明等[77]针对寒区隧道黏-弹塑性地震反应进行研究。高峰等[78]就季节性冻土与多年冻土对场地地震反应进行对比分析。

1.2.2　寒区列车荷载下路基振动响应现场监测

现场监测作为一种基本手段，较早应用于轨道路基动力学特性研究。这些研究工作主要包括动应力、加速度等动力响应指标的时域幅值分布规律研究以及频谱分析。Madshus 和 Kaynia[79]对高速列车运行时软土地基的速度和加速度反应进行了测试，发现列车以某一速度通过时轨道-路基-场地动力系统的动力响应作用出现放大现象，这一速度即为土体的临界速度。1998 年，瑞典国家铁路局测试了 X2000 高速列车在软土地基上运行时的振动，发现了临界速度的存在[82]。L. Auersch 研究发现列车行驶速度接近瑞利波速时，轨道和地基中会产生共振现象[80]。Zhi-gang Cao 等[81]对列车加速与减速条件下路基振动响应进行研究表明，列车行驶速度变化对铁路路基振动有一定影响。Takemiya[83]分析了日本东海道新干线上的测试数据，发现高速列车对路基所产生的脉冲振动与轮对间距相对应，提出可根据轮对间距和车辆数目预测路基振动特性。夏禾等[84-85]针对列车行驶引起环境振动进行测试，研究了交通荷载引起的周围建筑物振动及环境噪声问题，获得动应力、加速度等动力响应指标时域幅值的分布规律。高广运、翟婉明、孙雨明、聂志红等[86-89]对秦沈客运专线路基不同时速下路基振动加速度进行了现场监测，给出了高速轮轨列车产生的地面振动的基本规律及加速度衰减规律。屈畅姿[90]等对武广高速铁路路基振动进行现场测试，获得试验段路基动力响应的分布规律及试验段路基的固有频率。郑大为[91]等对合宁快速客运专线膨胀土不同刚度路堤振动特性进行研究。陈斌等[90]通过对南京某地进行列车振动监测研究了列车车型与车速对地面振动速度的影响，给出了地面振动速度的频谱特性和衰减规律。孙志忠[93]等对青藏铁路某试验段块石路基与普通路基的地温特征进行监测对比分析。牛富俊、马巍等[94]通过对冻土路基现场监测，对青藏铁路冻土路基 2002 年以来的地温发展过程、热学稳定性及次生冻融灾害进行了分析，总结出暖季和寒季路基振动衰减的差异。田亚护[95]等针对季节冻土区铁路路基进行变形监测并分析冻害原因。刘华[96]等针对季节性冻土区高速铁路路基填料及防冻层设置进行研究，分析防冻层厚度及设置深度对保温效果的影响。

可见，由于冻土研究起步较晚，再加上测试条件、测试仪器以及费用等条件限制，目前国内外对轨道交通荷载作用下的路基进行振动加速度测试较多，而针对深季节冻土区铁路路基在不同季节进行路基振动监测，以及对比季节变化对季冻区铁路路基振动响应的影响罕见报道。

鉴于此，本书针对典型深季节冻土区铁路路基哈尔滨-满洲里铁路 K124+118 断面在一个完整冻融循环期内（春季、夏季和冬季），北京-哈尔滨铁路 K1229+135 断面在秋季和冬季分别进行列车行驶路基振动加速度现场监测。定量分析列车荷载下路基振动加速度时频特性、衰减规律与影响因素；同时为通过理论分析与数值模拟相结合手段研究列车行驶路基振动响应提供必要的可靠性验证依据。

1.2.3 冻土区路基温度场研究

冻土温度场研究已有近两百年的历史，期间经历了观测试验经验方程、简化计算近似处理、均质一维、二维线性稳定问题和一维非稳定线性问题的解析计算。随着冻土领域引入计算机和数值方法，应用数值模拟方法研究冻土温度场处于高速发展过程。1973 年 Bonaicina 和 Fasana 率先求得了一维非线性温度场的数值解。Harlan[97]考虑水分迁移和冰水相变问题，提出 Harlan 模型，该模型可用于研究冻土中伴随冻结锋面前移、温度梯度变化条件下水分迁移量随时间的变化。Fukuda[98]、Fukuda 和 Nakagawa[99]、Guymon[100]等相继提出考虑冻土中热质迁移与水分迁移模型。

早期对于温度场的数值研究始于郭兰波[101]和 R.M.费尔德曼、徐学祖[102]等相继提出非线性相变温度场的数值差分格式及计算方法。安维东等[103]对冻土的水分迁移、热质迁移、水热力三相耦合以及本构模型等进行深入研究。王劲峰[104]提出用小参数法对上边界条件处于变化状态下的冻土动态温度场求解方法，取得较好的精度。李宁、令峰等[105]人提出二维温度场下的水-热-力应变耦合分析方法。李南生等[106]分析水工建筑物冻结过程中产生的非线性温度-水分场。陈飞熊等[107]建立了冻土多孔多相微元体的平衡方程、多孔固液介质的质量守恒方程及多孔多相介质的热、能守恒方程。赖远明[108]、朱志武[110]等应用渗流理论、传热学、冻土力学等分别提出了带相变的温度场、渗流场和应力场耦合问题的数学力学模型及其控制方程，朱志武等利用自行开发的程序，并加入推出的本构关系和所建立的数学力学模型进行数值模拟。毛雪松等[109]通过建立冻土路基温度场室内足尺模型试验，使得室内试验研究与实际工程更加贴近，在观测正冻土冻结过程中水分场和温度场随时间变化规律的基础上，引用 Flerchinger 建立的垂直一维冻土系统水、热流耦合模型对所测的结果进行数值模拟，证明其模型在工程上的适用性。

随着冻土领域引入数值计算方法，使得冻土温度场的研究有了新发展。王铁行[111]等通过模拟不同时期冻土路基温度场分布来确定冻结相变区的变化，近而考虑土体体积力和土体冻结相变产生的冻胀力，分析得到多年冻土地区路基变形分布和演变规律。其中米隆、赖远明[112]等引进流函数并应用伽辽金法导出了多孔介质对流换热的有限元公式，针对高原冻土铁路普通道砟路基、抛石护坡路基和抛石路基的温度场进行了分析比较。牛富俊等[113]基于对长春西客站附近的路堑段开展的路基水热状况现场监测，分析路基填筑主体及其下土体水热条件时空变化过程与对冻胀的影响，并评价运营前路基变形特性。胡宇、葛建军、许健等针对多年冻土区防治冻害处理措施中防冻胀护道的应用进行了研究，在冻土区路基基床表层内加铺设保温材料可增大路基热阻，是减少空气与路基内部热传递的一种重要措施，此方法目前在国内外应用广泛且防治冻害效果良好[114-119]。许健、牛富俊[120]等针对季节冻土区铁路路基提出加铺防冻胀护道，使边坡下土体的最大冻结深度有一定的抬升作用。

1.2.4 冻土场地列车荷载下路基振动研究

对于列车运行引起路基振动反应问题的研究方法总体可归结为解析法、经验预测模型和数值模拟[121]。Sheng[122]、Dieterman 等[123]、Hirokazu 等[124]分别研究了在不同荷载类型作用下地基的振动响应特性。Kaynia 等[125]将列车荷载简化为一集中荷载，把轨道、道床及基床层简化为水平成层地基上的梁，考虑地基土非线性特性，列车速度对路基位移的影响。王常晶等[126]通过分析路基动应力分布时变化规律，发现列车经过时路基中产生的动应力是以压应力为主的循环应力，但此方法同样未考虑地基土的非线性。Hendry 等[127]采用文克尔地基模型，将列车简化为以一定速度移动的一系列点荷载，分别采用类似于 Hall[128]和 Heelis[129]提出的方法进行模拟，并将计算结果与现场实测结果进行比较。

采用解析法分析列车振动求解十分困难，而数值方法虽为近似方法，但只要能选取合适的材料参数、边界条件、单元尺寸、时间步长及单元形式等，计算结果仍能够满足工程需要，因此，数值模拟方法成为研究列车振动条件下路基振动响应研究的有效方法。

数值模拟通常采用有限元、离散元等方法建立车辆-轨道-线路模型，通过计算求解列车通过时车辆、轨道、路基等的振动响应。A.El Kacimi、Hai Huanga 等[130-131]通过数值计算方法建立列车-轨道耦合模型，并对铁路路基振动响应进行研究。Yoshihiko SATO[132]对轨面不平顺进行了深入研究，认为轮轨之间不规则接触直接引起轨道结构振动，并以轨面不平顺为外部激励进行动力学计算。张玉娥、白宝鸿[133]等通过实测轨道加速度，并应用频谱分析方法推导出地铁列车行驶的激振荷载。刘维宁、夏禾[134]建立包括车辆模型与轨道模型的列车-轨道系统动力分析模型，并应用该模型获得列车振动荷载，车辆模型中各节车辆是均为多自由度的振动系统，轨道为置于一系列弹簧之上的无限长梁，轨下垫层、轨枕与道床分别由三层质量-弹簧-阻尼器系统模拟。马学宁等[135]将轨道、路基作为车辆计算模型子结构，研究车辆-轨道-路基体系的动力相互作用，并通过京-秦线实测数据对该模型进行验证。雷晓燕等[136]研究了在高速列车荷载作用下道砟厚度对铁路路基振动响应的影响，认为增加道砟厚度对于减小道砟振动加速度与位移效果显著。

针对冻土场地铁路路基在列车荷载作用下的振动响应，基于数值模拟计算方法，刘宏扬[137]、李涛[138]、于洋[139]和李双洋[140]进行了深入研究，并取得一些有益认识。朱占元[67]、陈士军[141]、王立娜[142]等应用有限元方法针对青藏铁路多年冻土路基振动响应与永久沉降变形进行了深入研究。

列车荷载是路基振动模型的外部激励，因此荷载准确与否对于路基模型计算结果尤其关键。对于列车荷载的处理，许多学者都做过深入的研究。李德武[143]把机车和车辆简化成不同的力学模型，根据实测得到的钢轨底面竖向振动加速度波形，通过求解运动微分方程和动力平衡方程，得到列车竖向振动荷载的数学表达式：

$$F(t) = P(t) \cdot n / L \tag{1-1}$$

式中：$F(t)$为列车振动荷载；$P(t)$为沿轨道纵向均匀分布在钢轨处的线性荷载；n为轮对数；L为车辆长度。

刘宏扬等[137,190]通过现场加速度监测结果，利用频谱分析方法，获得轨道竖向振动加速度的数学表达式，由模拟轮系的运动方程推导出列车振动荷载。H.Jenkins等[144]、潘昌实等[145]采用包括静荷载与一系列正弦函数相叠加而成的动谐波荷载，来反映列车行驶引起的振动荷载周期特点，如式(1-2)。

$$F(t) = P_0 + P_1 \sin \omega_1 t + P_2 \sin \omega_2 t + P_3 \sin \omega_3 t \tag{1-2}$$

式中：$F(t)$为列车振动荷载；P_i为列车振动荷载幅值；P_0为静力荷载。当列车行驶速度V已知时，通过测量钢轨的基本振动波长L_i以及与其相对应振动幅值α_i，即可求$\omega_i = 2\pi V / L_i$，相应振动荷载幅值$P_i = m \cdot \alpha_i \cdot \omega_i^2$。运用这一思想，梁波、蔡英[146]采用处理不平顺管理标准的方法获得列车行驶引起的竖向振动荷载。边学成、陈云敏等[147]利用 2.5 维有限元结合边界元的方法，认为列车荷载由一系列轴重荷载组成，若有M个车厢，每个车厢共有四个车轮，沿X正方向以速度c运行，则列车行驶引起连续轴重荷载可由下式表示：

$$P_M = \sum_{n=1}^{M} f_n(x - ct) \tag{1-3}$$

该式表示第n节车厢以速度c移动时轴重对钢轨产生的荷载。具体表达式如下：

$$\begin{aligned} f_n(x-ct) = {} & P_{n1}\left[\delta\left(x - ct + \sum_{s=0}^{n-1} L_s + L_0\right) + \delta\left(x - ct + a_n + \sum_{s=0}^{n-1} L_s + L_0\right)\right] + \\ & P_{n2}\left[\delta\left(x - ct + a_n + b_n + \sum_{s=0}^{n-1} L_s + L_0\right) + \delta\left(x - ct + 2a_n + b_n + \sum_{s=0}^{n-1} L_s + L_0\right)\right] \end{aligned} \tag{1-4}$$

式中：P_{n1}和P_{n2}分别为车厢前轮和后轮的轴重；L_n表示车厢长度，a_n和b_n为轴距，L_0表示自第一节车厢前至某一设定测量点开始的距离。李军世等[148]应用有限元软件，建立轨道-路基体系三维模型，通过引入波传导单元和完全能量传递边界，利用波动的可叠加性，分析列车轴重、轴距、列车行驶速度等因素对路基振动响应特性的影响。

本书将在翟婉明教授[87]车辆-轨道统一耦合动力学模型基础上，考虑温度场影响，建立整体非线性列车-轨道-路基-场地三维有限元计算模型，分析深季节冻土区列车行驶振动作用下路基振动响应特性与永久变形预测。

1.2.5 列车荷载下路基永久变形研究

目前，较为典型的长期循环荷载下路基土永久应变模型有如下五种。

1.2.5.1 Barksdale 模型

Barksdale[150]率先研究了重复荷载下粉砂和碎石的累积变形。控制加载波形为三角脉冲，荷载持续时间为 0.1s，停滞时间为 1.9s，加载频率为 0.5Hz，荷载重复次数为 100000 次，研究发现试件永久应变与荷载加载次数呈现对数增长趋势，其表达式见式(1-5)。

$$\varepsilon_p = a + b\lg N \tag{1-5}$$

式中：ε_p 为永久应变；N 为荷载作用次数；a 和 b 为模型参数。

1.2.5.2 Monismith 模型

Monismith[151]针对粉质黏土进行了三轴压缩荷载下永久应变，控制加载频率为 20 次/min，荷载持续时间为 0.1s，荷载重复次数为 100000 次，研究发现试件永久应变与荷载加载次数呈现指数增长趋势，其表达式见式(1-6)。

$$\varepsilon_p = AN^b \tag{1-6}$$

式中：ε_p 为永久应变；N 为荷载作用次数；A 和 b 为模型参数。

此模型中，参数 A 是与应力水平、应力历史、含水量和干密度有关的函数，参数 b 与应力状态有关。与 Barkdale 等提出的模型不同，该模型以指数形式描述荷载循环作用次数和永久轴向应变的关系。

1.2.5.3 Li 模型

Li[152]收集、整理了前人对 22 种土进行的永久应变测试结果，发现参数 b 与偏应力、含水量和干密度有关，而且对于某一种土参数 b 为常数，参数 A 很大程度上受含水量和干密度的影响，因此引入应力比的概念，永久应变可用式(1-7)表示。

$$\varepsilon_p = aS^m N^b \tag{1-7}$$

式中：ε_p 为永久应变；S 为应力比，$S = \sigma_d / \sigma_{df}$，$\sigma_d$ 为动偏应力，σ_{df} 为土体静强度，即破坏时的静偏应力；N 为荷载作用次数；a、b 和 m 为模型参数。模型中参数 a、b、m 可由表 1-1 确定。特别地，当模型中 $aS^m = A$ 时，Li 模型即为 Monismith 模型。

表 1-1 Li 模型参数的取值范围(Li 等，1996)

模型参数		土的类别			
		ML	MH	CL	CH
b	均 值	0.10	0.13	0.16	0.18
	范 围	0.06～0.17	0.08～0.19	0.08～0.34	0.12～0.27
a	均 值	0.64	0.84	1.10	1.20
	范 围	—	—	0.30～3.50	0.82～1.50
m	均 值	1.7	2.0	2.0	2.4
	范 围	1.40～2.00	1.30～4.20	1.00～2.60	1.30～3.90

1.2.5.4 Niekerk 模型

Niekerk 等[153]提出的重复荷载下永久应变的发展模型是目前应用较为广泛的永久应变模型。该模型基于安定性理论，将材料的永久变形响应分为 A、B 和 C 三种类型，如图 1-3 所示。如图可见，对于 A 类，随着荷载次数的增加，永久应变将趋于恒定不变值；对于 C 类，随荷载次数增加，永久应变亦随之逐渐增加；对于 B 类为介于两者之间的极限状态。

对于 A 类，永久应变模型见式(1-8)。

$$\varepsilon_p = A\left(\frac{N}{1000}\right)^B + C\left(e^{D\frac{N}{1000}} - 1\right) \tag{1-8}$$

式中：ε_p 为永久应变；N 为荷载作用次数；A、B、C 和 D 为模型参数，与最大主应力和土体破坏时最大主应力有关。

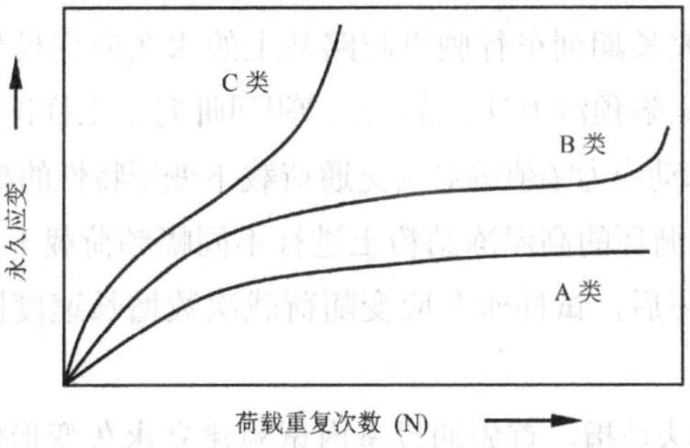

图1-3 重复荷载下永久应变的发展(Werkmeister等，2001)

1.2.5.5 Paute 模型

Paute 等[154]在 p-q 空间中考虑应力水平，其中试件直径为 16cm，高度为 32cm，控制荷载次数为 80000 次，研究四种材料的永久变形行为，他提出的永久应变见式(1-9)。

$$\varepsilon_p = \frac{\left(\dfrac{q}{p+p^*}\right)}{a-b\left(\dfrac{q}{p+p^*}\right)}\left[1-\left(\frac{N}{1000}\right)^{-B}\right] \tag{1-9}$$

$$p=(\sigma_1+2\sigma_3)/3 \tag{1-10}$$

式中：ε_p为$N>100$时的永久轴向应变；N为荷载作用次数；B、a和b为模型参数；q为动偏应力，$q=\sigma_d$；p为平均正应力；p^*为应力参数，为$p-q$空间中静破坏线与p轴交点至原点的长度。

Li 和 Selig[152-156]通过引入土体静力强度参数，对传统经验模型进行改进，解决了 Monismith 指数模型[151]参数取值范围大的问题。Qiu[157]、Chai 等[158], Kim[159]、El-Badawy[160]在永久变形模型预测与本构模型方面进行了研究。

近年来我国很多学者为预测路基在循环动荷载作用下的永久变形做了大量的研究工作。钟辉虹等[161]、黄茂松等[162]、张宏博等[163]、姜岩等[164]、周建等[165]、蒋军[166]、唐益群等[167]、王军等[168]、陈颖平等[169-170]、高启聚等[171]、张勇等[172]、吴敏哲等[173]采用室内三轴试验，对累积塑性应变模型进行深入研究。考虑交通荷载下路基内应力主轴的旋转，Gräbe 等[174]对南非重载铁路四种路基材料采用空心圆柱试验方法对路基永久变形进行研究。黄茂松等[175]应用上海地区典型饱和软黏土不排水循环三轴试验，分析了影响软黏土塑性累积变形的主要因素。姚兆明等[176]针对粉细砂也作了相似研究。

针对冻土与融土在长期交通荷载下的变形性能，Zhu 和 Ling 等[177,66]应用室内低温动三轴试验研究长期列车行驶引起路基土的永久应变模型，并提出了青藏铁路路基冻土上限的振陷预测方法。彭丽云等[178]研究了土样冻结温度、含水率、顶端冻结与融化温度和动应力幅值等对其交通荷载下变形特性的影响。焦贵德等[179]通过对经历 10 次冻融循环的高温冻结粉土进行不同幅频荷载下单轴动压缩试验，研究发现经历冻融循环后，试样永久应变随荷载次数增长速度比未经冻融循环的试样快。

应用力学-经验法是指，首先通过室内试验建立永久变形模型，再结合数值计算方法应用计算模型获得长期轨道交通荷载下路基的永久变形。凌建明等[180]采用弹性层状体系理论方法建立了路基附加应力的动力模式，并提出了列车荷载下湿软路基残余变形计算方法。李进军等[181]针对交通荷载作用下软土地路永久变形问题，采用分层总和法计算典型软土地基的累积沉降量。董亮等[182]基于三维有限元模型，获取列车动荷载作用下路基不同深度区域的动偏应力分布，并预测长期列车振动荷载作用下铁路路基累积变形。边学成等[183]应用 2.5 维有限元计算方法，结合 Li 提出的累积变形模型[152]，计算列车荷载引起铁路路基长期动力附加沉降的发展规律。

综上所述，尽管现有关于铁路路基振动响应的研究成果较多，但多集中在非冻土地区路基土。针对深季节冻土区路基土承受冻融循环作用与长期反复振动荷载联合作用，设置工况研究路基土的动力学参数与路基振动特性的研究尚处于空白，且对于长期列车荷载下路基永久沉降变形预测更是未见报道。

1.3 存在的问题

由上述分析表明，国内外学者在列车荷载作用下路基的振动响应特性和路基永久变形等方面进行了大量的试验及理论研究工作，取得了许多重要的研究成果，但是仍存在以下几点不足之处：

(1) 针对深季节冻土区存在反复冻融的冻、融路基土在列车循环荷载下的铁路路基振动响应模型尚缺乏系统研究，使得季节冻土区铁路路基的动力振动响应特性与稳定性评估缺乏科学依据。

(2) 现有的土体的累积永久变形模型较多，但多集中在非冻土地区和多年冻土区，而针对典型深季节冻土区列车长期动荷载和冻融循环共同作用下冻土动力学性能研究较少，冻土动力学研究中较少考虑冻融循环作用。

(3) 目前，国内外针对冻土动力学参数试验研究与长期振动预测模型研究较多，但针对深季节冻土区铁路路基振动响应特性与长期永久沉降预测，结合室内试验、数值计算方法，并通过现场监测进行模型验证，进行深入系统研究，尚未见报道。

因此，开展列车荷载下深季节冻土区路基振动响应特性研究，将为深入了解深季节冻土区列车行驶路基振动响应特性与长期永久沉降变形具有指导意义，同时，对于避免病害治理措施选择的盲目性且确保措施的有效性无疑具有极其重要的实际意义。

1.4 本书的主要研究内容及技术路线

1.4.1 本书主要研究内容

本书针对我国东北典型深季节冻土区铁路路基的冻融特点，以哈尔滨-满洲里铁路K124+118断面为例，通过理论分析、室内试验、现场监测与数值计算相结合的手段，对哈尔滨-满洲里路基在长期列车荷载作用下路基土的动力性能、列车荷载下路基动力响应特性及影响因素与永久变形预测等方面进行深入研究。主要内容如下：

1.4.1.1　深季节冻土区铁路路基振动反应现场监测

采用现场监测方法，针对典型深季节冻土区铁路路基哈尔滨-满洲里铁路K124+118，分别在冻结期、春融期和正常期，北京-哈尔滨铁路K1229+135断面在正常期和冻结期实测列车行驶引起路基振动加速度。据此研究不同路基冻融状态、列车类型、载重、行驶速度、振动方向等因素对路基振动幅频特性的影响。

1.4.1.2　深季节冻土区列车荷载作用下路基土动力学参数

采用室内低温动三轴试验方法，针对不同负温条件、加载频率、反复冻融条件设计室内试验工况，深入系统地研究了典型深季节冻土区铁路沿线分布的粉质黏土，在不同冻结温度的动力非线性本构关系与永久应变模型。为有限元建模计算提供材料参数、本构模型与铁路路基永久变形预测模型。

1.4.1.3　深季节冻土区铁路路基振动模型建立

参数化建立包括轨枕-道床-路基-场地的三维有限元计算模型。基于典型季节冻土区铁路路基，建立考虑相变的三维路基温度场计算模型。预测哈尔滨-满洲里路基建立至今温度场分布，采用列车动荷载作为轨枕作用力输入，将数值计算的稳态温度场结果作为初始条件加到路基计算模型中，实现温度场与应力场的耦合，并对计算模型进行验证。

1.4.1.4　深季节冻土区铁路路基振动特性与影响因素分析

应用季节冻土区铁路路基三维有限元模型，分析不同冻结期列车行驶引起铁路路基内部及周围环境的振动响应特性。对列车荷载作用下，路基的动应力、加速度幅频特性及幅值衰减规律与影响因素进行深入分析。

1.4.1.5　深季节冻土区列车荷载下路基永久变形

基于冻土和融土动三轴永久应变试验和三轴固结不排水压缩试验，建立长期列车荷载下深季节冻土区铁路路基累积永久应变模型。同时，结合本书所建立的季节冻土区三维铁路路基有限元温度场和动力响应模型，计算不同冻结时期列车类型、行驶速度和路基厚度等因素对深季节冻土区长期列车荷载作用下路基永久变形的影响。

1.4.2 技术路线

鉴于上述，本书通过室内试验、现场监测、理论分析和数值计算相结合的方法对列车荷载作用下深季节冻土区铁路路基振动响应特性与影响因素进行分析，并通过引入永久变形模型对深季节冻土区铁路路基长期沉降永久变形进行预测。具体步骤如下：

第1步，基于冻土、融土进行室内固结不排水三轴试验、动力学参数试验和长期轨道交通荷载下的动三轴试验，获得路基土动力学参数与长期列车荷载下的路基冻土、融土永久应变模型。

第2步，通过现场监测不同冻结时期列车行驶引的铁路路基振动响应加速度，并分析振动响应特性与衰减规律，其监测结果为通过理论分析与数值模拟相结合手段研究列车行驶路基振动反应提供客观真实的验证依据。

第3步，建立轨枕-道床-路基-场地的三维有限元边界计算模型和考虑相变的三维铁路路基温度场计算模型，温度场模型与应力场模型尺寸及网格剖分完全相同，将列车轨枕作用力时程作为荷载输入，将温度场模型计算得到的稳态温度场结果作为初始条件输入，实现温度场与应力场的耦合，计算列车荷载作用下路基振动响应，并根据第2步验证模型的正确性（材料本构模型及材料参数由第1步得）。

第4步，计算并分析深季节冻土区在不同冻结时期路基振动响应特性，并分析列车类型、行驶速度、轨道不平顺谱等因素影响。

第5步，应用室内动三轴试验所提出的考虑路基冻融状态的长期列车荷载作用下铁路路基永久沉降变形模型，建立列车荷载下路基永久变形的计算方法；对季节冻土区铁路路基永久变形进行预测，并定量分析了不同冻结时期列车类型、车辆轴重、列车行车速度及路基厚度对永久变形的影响。本书的具体技术路线如图1-4所示。

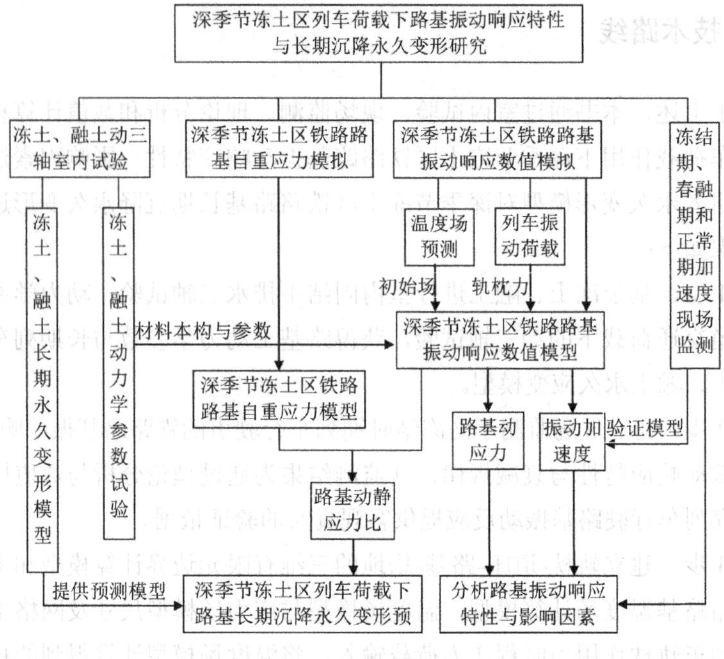
深季节冻土区列车荷载下路基振动响应特性与长期沉降永久变形研究
冻土、融土动三轴室内试验
深季节冻土区铁路路基自重应力模拟
深季节冻土区铁路路基振动响应数值模拟
冻结期、春融期和正常期加速度现场监测
冻土、融土长期永久变形模型
冻土、融土动力学参数试验
温度场预测
列车振动荷载
初始场
轨枕力
材料本构与参数
深季节冻土区铁路路基振动响应数值模型
深季节冻土区铁路路基自重应力模型
路基动应力
振动加速度
验证模型
路基动静应力比
提供预测模型
深季节冻土区列车荷载下路基长期沉降永久变形预
分析路基振动响应特性与影响因素

图 1-4 技术路线

第 2 章 深季节冻土区铁路路基振动反应现场监测

深季节冻土区铁路路基经受周期性冻融循环作用，加之列车载荷长期反复振动双重作用，其力学性能愈加复杂。现场监测作为一种基本手段，较早应用于桥梁、隧道、地铁及普通轨道路基动力学特性研究。

鉴于此，课题组针对典型深季节冻土区铁路路基哈尔滨-满洲里铁路 K124+118 断面在一个完整冻融循环期内（春季、夏季和冬季），北京-哈尔滨铁路 K1229+135 断面在秋季和冬季分别进行列车行驶路基振动加速度现场监测。其目的在于：①结合具体的路基型式、路基土性、地温情况，通过实测资料定量分析列车荷载下路基振动响应特性、衰减规律及影响因素；②为通过理论分析与数值模拟相结合手段研究列车行驶路基振动反应，提供客观真实的验证依据。

2.1 监测数据分析方法

(1) 定义加速度幅值与有效值。列车行驶铁路路基振动响应为频率与振幅均相当复杂的随机复合振动，现场加速度监测结果为每次列车通过时测点振动加速度信号。为研究振动加速度的变化规律与衰减特性，本书中分别定义了加速度幅值与加速度有效值，分析了列车荷载引起的振动强度大小。定义振动加速度幅值即为加速度绝对值的最大值，*X*、*Y*、*Z* 方向分别记为$|a_x|_{\max}$、$|a_y|_{\max}$和$|a_z|_{\max}$，见式(2-1)；加速度有效值定义见式(2-2)，在 *X*、*Y*、*Z* 方向分别记为$|a_x|_{\text{val}}$、$|a_y|_{\text{val}}$、$|a_z|_{\text{val}}$，见式(2-2)。

$$\left|a_i\right|_{\max} = \max\left\{\left|a_{ij}\right|\right\} \quad (i = X,Y,Z; j = 1,2,3,\cdots,N) \tag{2-1}$$

$$\left|a_i\right|_{\text{val}} = \frac{1}{N}\sqrt{\sum_{j=1}^{N}\left|a_{ij}\right|^2} \quad (i = X,Y,Z; j = 1,2,3,\cdots,N) \tag{2-2}$$

式中：$i = X,Y,Z$,代表空间坐标方向；a_{ij}为某次列车通过时采集的i方向第j个振动加速度时程记录；N为该次列车通过时采集加速度记录点个数。

(2) 定义 1/3 倍频程谱。1/3 倍频程谱是信号分析的重要手段，具有频带宽谱线少的特点。频程划分采用恒定带宽比，1/3 倍频程是在一个倍频程的上、下限频率之间再插入两个频率，使 4 个频率之间的比值相同，将一个倍频程划分为 3 个频程。1/3 倍频程谱是由一系列中心频率及对应中心频率所在频带内信号的有效值（或平均幅值）所构成，其关系可见下式[141]：

$$f_0 = \sqrt{f_l f_u} \tag{2-3}$$

$$f_u = 2^{1/3} f_l \tag{2-4}$$

$$\beta = (f_u - f_l) / f_0 \approx 23.16\% \tag{2-5}$$

式中：f_0为 1/3 倍频程中心频率；f_l为 1/3 倍频程频带下限频率；f_u为 1/3 倍频程频带上限频率；β为 1/3 倍频程相对带宽。

1/3 倍频程由多个带通滤波器并联组成，其中心频率可用下式表示：

$$f_c = 1000 \cdot 2^{n/3} \quad (n = 0, \pm 1, \pm 2, \cdots) \tag{2-6}$$

按我国现行标准，中心频率取 1、1.25、1.6、2.0、2.5、3.15、4.0、5.0、6.3、8.0、10.0 …。可见，每隔两个中心频率，频率值增加一倍。由于本书主要分析不同频率下的加速度的幅值特性，因此只计算中心频率对应该频段的加速度有效值，其计算方法见下式：

$$a_r = \sqrt{P} = \sqrt{\int_{f_l}^{f_u} S_a(f) \mathrm{d}f} \tag{2-7}$$

式中：$S_a(f)$为功率谱密度函数；P为 1/3 倍频程频带内总的功率；a_r为 1/3 倍频程频带中心频率处的加速度有效值。

2.2 哈尔滨-满洲里铁路加速度现场监测

2.2.1 监测断面选择与测点布置

大庆位于中国东北部，属于典型的深季节冻土区，每年 3 月中旬至 5 月中旬为春融期，10 月中旬至次年 3 月为冻结期，其余时间为正常期。夏季最高气温 37℃，冬季最低气温低于−35℃，最大冻深为 1.8~2m。本次监测路段为正常行驶双线平直路段，Ⅲ型轨枕 1667 根/km、60kg 钢轨无缝线路。监测断面位于哈尔滨-满洲里 K124+118 安达段处，实测该监测断面道砟厚为 0.4m、路堤高为 2.9m、路堤坡度为 1:1.6，现场监测如图 2-1 所示。

为对比分析季节冻土区路基冻融状态对季冻区铁路路基振动响应的影响，针对典型的深季节冻土区铁路路基，在同一断面分别在春季、夏季和冬季各监测一次。春季监测时间为 2007 年 5 月 15 日，路基表层下 1.0m 内为融土层，1.0~1.8m 为冻结层；夏季（正常期）监测时间为 2007 年 9 月 4 日，路基无冻土层，加速度监测采样频率为 512Hz；冬季（冻结期）监测时间为 2005 年 2 月 3 日，路基表层下 1.8m 内为冻结层，现场监测采样频率为 512Hz。

图 2-1 现场监测概况（春季、夏季和冬季）

监测仪器采用中国国家地震局工程力学研究所研制开发的 891-2 型测振仪，通频带为 0.5~80Hz。采集设备应用中国东方振动和噪声技术研究所研制的 INV306 信号采集与分析系统。

监测断面路基结构及测点布置如图 2-2 所示，基床表层为砂夹石压实填土、基床底层为粉质黏土压实填土，路基底部为天然粉质黏土层。监测点 C1 布置于路肩（距上行轨道中心 2.5m），C2 布置于基床表层（距上行轨道中心 4.5m），C3 布置于基床底层（距上行轨道中心 6.8m），C4 布置于路基场地（距上行轨道中心 8.9m）。各测点均同时监测竖向、平行于轨道方向和垂直轨道方向振动加速度，路基断面形状、地层结构和测点布置如图 2-2 所示。

根据加速度传感器布置定义空间坐标方向：平行于轨道延伸方向为纵向（*X* 向），垂直于轨道延伸的水平向为横向（*Y* 向），垂直于轨道延伸的铅垂方向为竖向（*Z* 向），如图 2-2 所示。每一组数据监测结果均包括各监测点在 *X*、*Y* 和 *Z* 方向的振动加速度信号。

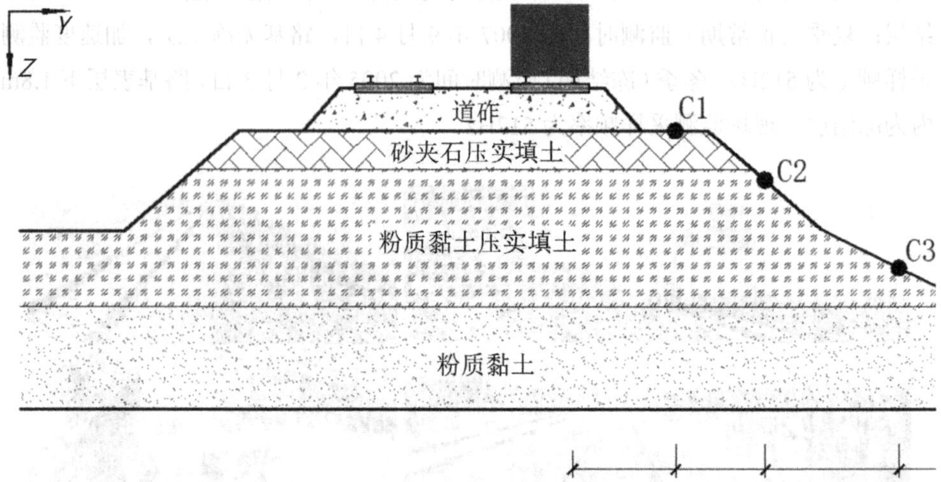

图 2-2 哈尔滨-满洲里 K124+118 路基地层结构与测点布置

2.2.2 监测结果与分析

监测结果包括春季（春融期）、夏季（正常期）和冬季（冻结期）3 个典型时期加速度时程曲线。3 个不同时期均监测到不同列车车型（包括快速客车、普通客车和货车）、不同车速（v=60~140km/h）和不同列车编组（包括 1+10、1+60、2+15 等不同编组形式）在 3 个监测方向（沿轨道方向、水平向垂直于轨道方向和竖向），4 个监测点（路肩点、基床表层点、基床底层点、路基上点）的加速度波形。包括会车及下行列车共监测到 60 余组数据。

2.2.2.1 加速度时程响应

图 2-3 所示为以冬季（冻结期）典型快速客车 T507（v=140km/h，列车编组：1 节机车+10 节客车车厢）和货车(v=60km/h，列车编组：1 节机车+56 节载物车厢)为例，路肩测点 C1 和场地测点 C4 在竖向、纵向和水平向 3 个振动方向的加速度时程曲线。由图可见，加速度时程曲线在各点上下振动基本对称，在距轨道中心较近的路肩测点 C1，加速度峰值与列车转向架位置相对应，3 个方向振动加速度时程可以清晰分辨出每一组轮对通过时引起的加速度峰值循环；而在距线路中较远的测点 C4，振动加速度时程曲线形状趋于纺锤形，各点上下振动基本对称，但轮对引起的加速度峰值衰减至较小值，各轮对引起的加速度峰值循环不明显。

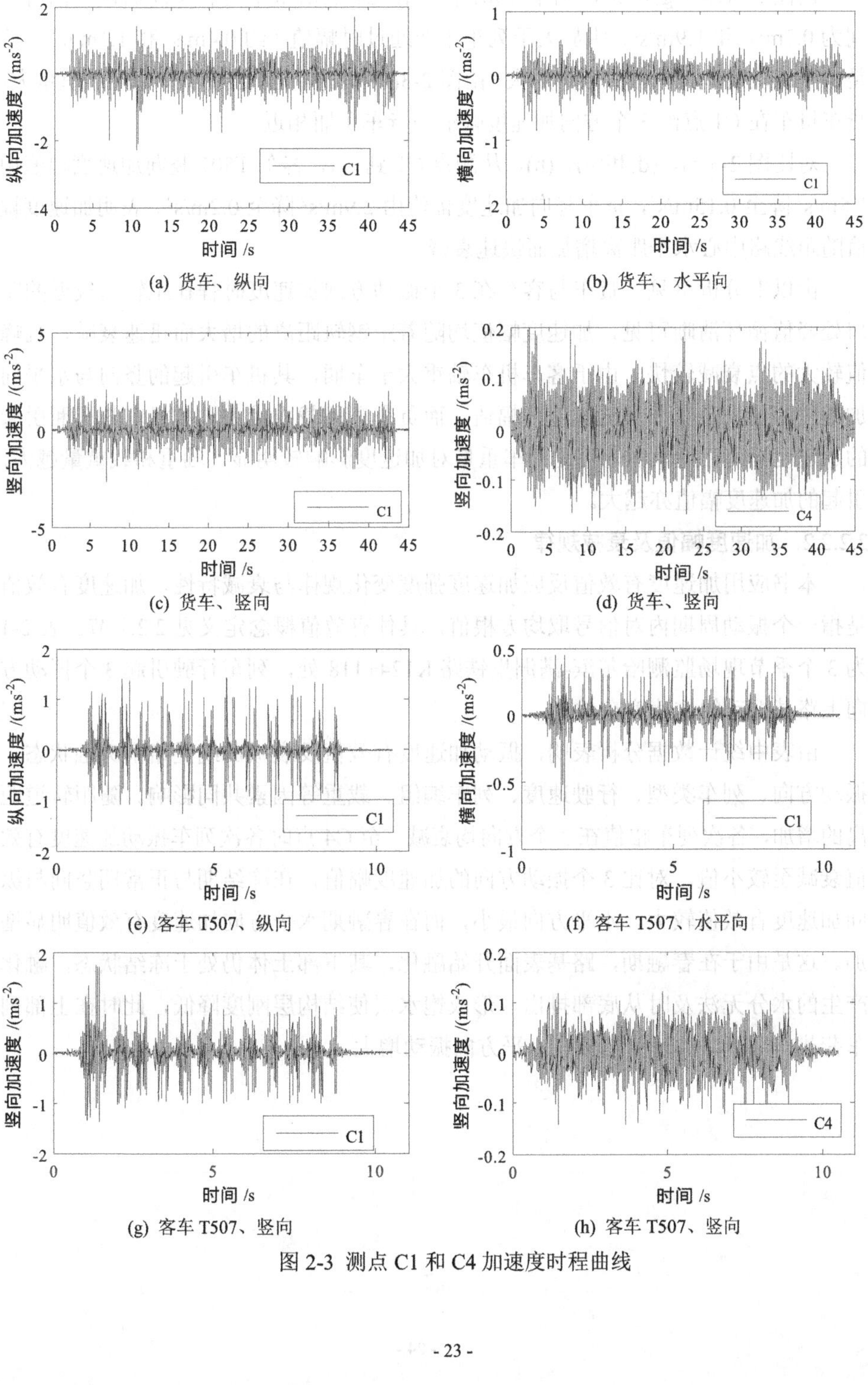

图 2-3 测点 C1 和 C4 加速度时程曲线

由图 2-3(f)和(g)可见，列车 T507 机车在 C1 点沿水平向和竖向加速度幅值分别为 0.7m/s^2 和 1.9m/s^2，明显大于列车车厢通过时幅值（约 0.4m/s^2 和 1.1m/s^2），这是由于该次列车机车轴重较车厢大。由图 2-3(c)和(d)可见，由于货车车厢载重量大，货车机车在 C1 点沿 3 个方向加速度幅值与货车车厢相近。

对比图 2-3(c)、(d)和(g)、(h)，从测点 C1 到 C4，客车 T507 竖向加速度幅值由 1.8m/s^2 降至 0.15m/s^2，货车竖向加速度幅值由 2.9m/s^2 降至 0.2m/s^2。表明加速度幅值随距线路中心水平距离增加而快速衰减。

由以上分析可见，货车与客车在 3 个振动方向加速度时程在距轨道较近的路肩处峰值循环清晰可见，加速度幅值均随着距钢轨距离的增大而迅速衰减，且峰值较大的点衰减较快。由于客车机车轴重大于车厢，其机车引起的竖向与水平向加速度幅值大于车厢引的加速度幅值，而货车车厢载重较大，故机车与车厢引起的加速度幅值相近，由此可见列车重量对加速度影响较明显，轴重和载重量越大，引起的加速度幅值亦越大。

2.2.2.2 加速度幅值及衰减规律

本书应用加速度有效值反应加速度强度变化规律与衰减特性，加速度有效值是指一个振动周期内对信号取均方根值，具体有效值概念定义见 2.2.1 节。表 2-1 为 3 个季节现场监测哈尔滨-满洲里铁路 K124+118 处，列车行驶引起 3 个振动方向上路基振动的加速度有效值。

由表中统计数据分析表明，振动加速度有效值及衰减曲线受路基冻融状态、振动方向、列车类型、行驶速度、列车编组、载重等因素共同影响。随距轨道距离的增加，各次列车幅值在 3 个方向均衰减，至 C4 点时各次列车振动加速度有效值衰减至较小值。对比 3 个振动方向的加速度幅值，在冻结期与正常期竖向与纵向加速度有效值较大，水平方向最小，而在春融期水平方向加速度有效值明显增加。这是由于在春融期，路基表面开始融化，其下部土体仍处于冻结状态，融化产生的水分无法及时从底部排出，形成饱水层使结构层刚度降低，此时在上部列车荷载作用下，加速度幅值在水平方向振动增大。

表 2-1 哈尔滨-满洲里铁路 K124+118 列车行驶路基振动加速度有效值

单位：m/s^2

季节	车型车次	速度/(km/h)	车辆编组	路基(C1 点)			路基(C2 点)			路基(C3 点)			路基(C4 点)		
				$\lvert a_x\rvert_{val}$	$\lvert a_y\rvert_{val}$	$\lvert a_z\rvert_{val}$	$\lvert a_x\rvert_{val}$	$\lvert a_y\rvert_{val}$	$\lvert a_z\rvert_{val}$	$\lvert a_x\rvert_{val}$	$\lvert a_y\rvert_{val}$	$\lvert a_z\rvert_{val}$	$\lvert a_x\rvert_{val}$	$\lvert a_y\rvert_{val}$	$\lvert a_z\rvert_{val}$
春季	货车	60	1+61	0.1037	0.2281	0.1754	0.1188	0.1027	0.1243	0.0152	0.0653	0.0571	0.0307	0.0001	0.0384
	普客 1	65	2+15	0.0708	0.1343	0.1082	0.0889	0.0673	0.0739	0.0129	0.0347	0.0315	0.0194	0.0001	0.0243
	普客 2	68	1+07	0.1109	0.2183	0.2033	0.1583	0.1141	0.1298	0.0126	0.0319	0.0295	0.0184	0.0001	0.0227
	普客 2509	68	1+08	0.062	0.1389	0.1245	0.0918	0.0689	0.0831	0.0136	0.0393	0.0384	0.0201	0.0001	0.0276
	普客 K39	70	1+18	0.0619	0.1215	0.1156	0.0888	0.0622	0.0734	0.0128	0.0342	0.0353	0.0189	0.0001	0.0249
	普客 3	72	1+17	0.0587	0.1171	0.1121	0.0851	0.0611	0.0709	0.0128	0.035	0.0336	0.0184	0.0001	0.0242
	普客 4	73	1+11	0.054	0.1181	0.0998	0.0853	0.0571	0.0714	0.0135	0.035	0.0352	0.0194	0.0000	0.0245
	特快 T507	140	1+10	0.0949	0.1672	0.154	0.1139	0.1023	0.0975	0.0143	0.064	0.0503	0.0315	0.0001	0.0375
夏季	货车	60	1+56	0.1061	0.1021	0.1578	0.0768	0.0851	0.0816	0.0487	0.0648	0.0547	0.0293	0.0408	0.0317
	特快 T507	140	1+10	0.1541	0.1224	0.1958	0.1119	0.1119	0.0863	0.0614	0.0903	0.0569	0.0341	0.054	0.0442
	快客 K129	68	1+11	0.0646	0.0595	0.1336	0.0448	0.057	0.0503	0.0276	0.0341	0.0268	0.0153	0.0214	0.0149
	普客 4071	69	1+17	0.0904	0.0709	0.1476	0.054	0.0648	0.0588	0.0287	0.0362	0.0367	0.0176	0.027	0.0197
	普客 2509	69	1+18	0.0894	0.0716	0.1509	0.0545	0.0657	0.0595	0.0289	0.0367	0.0374	0.0179	0.0285	0.02
	动车 N45	69	1+8	0.0827	0.07	0.134	0.0579	0.0673	0.0606	0.0295	0.0375	0.0377	0.019	0.0281	0.0204
	普客 1815	69	2+15	0.1029	0.0869	0.1637	0.0597	0.0768	0.0637	0.0321	0.0435	0.04	0.0204	0.0323	0.0243
	快客 K39	84	1+19	0.0926	0.0786	0.155	0.0577	0.0681	0.0633	0.0324	0.0417	0.0402	0.021	0.032	0.0229

续表

季节	车型车次	速度/(km/h)	车辆编组	路基(C1 点) $\lvert a_x\rvert_{val}$	路基(C1 点) $\lvert a_y\rvert_{val}$	路基(C1 点) $\lvert a_z\rvert_{val}$	路基(C2 点) $\lvert a_x\rvert_{val}$	路基(C2 点) $\lvert a_y\rvert_{val}$	路基(C2 点) $\lvert a_z\rvert_{val}$	路基(C3 点) $\lvert a_x\rvert_{val}$	路基(C3 点) $\lvert a_y\rvert_{val}$	路基(C3 点) $\lvert a_z\rvert_{val}$	路基(C4 点) $\lvert a_x\rvert_{val}$	路基(C4 点) $\lvert a_y\rvert_{val}$	路基(C4 点) $\lvert a_z\rvert_{val}$
冬季	货车	60	1+60	0.2283	0.0966	0.3624	0.1351	0.0545	0.1101	—	—	—	0.0202	0.0264	0.0428
	普客 1	78	1+8	0.1627	0.0721	0.232	0.0986	0.0413	0.0771	—	—	—	0.0183	0.0481	0.0232
	普客 2	122	—	0.1463	0.0671	0.2489	0.0972	0.0381	0.0735	—	—	—	0.0137	0.0194	0.0262
	快客 T507	140	1+10	0.2233	0.0799	0.2583	0.1259	0.0526	0.1014	—	—	—	0.019	0.0243	0.0357

注：“—”为该点无监测数据。

以夏季(正常期)为例，对8辆典型列车在C1至C4点在3个振动方向的加速度有效值分布及随距轨道距离增加而衰减的规律进行详细分析。图2-4所示为夏季路基各测点在3个振动方向的加速度有效值及衰减曲线。由图可见，衰减曲线可由负指数函数拟合，见式(2-8)。

$$|a|_{val}=Ae^{-Bx} \tag{2-8}$$

3个方向拟合公式分别为：纵向为$|a_x|_{val}=0.1748e^{-0.2286x}$，横向为$|a_y|_{val}=0.1214e^{-0.1338x}$，竖向为$|a_z|_{val}=0.3529e^{-0.3388x}$。可见拟合值$A$越大代表加速度振动强度越大，$B$越大代表加速度衰减越快。

对比3个方向加速度振动有效值及衰减关系曲线可见，在夏季振动以竖向为主，纵向振动次之，横向振动最小，且各方向加速度衰减速度不同，由C1至C4点加速度有效值竖向衰减最快为77%~89%、纵向衰减其次为70%~78%、而横向衰减最小为56%~64%。

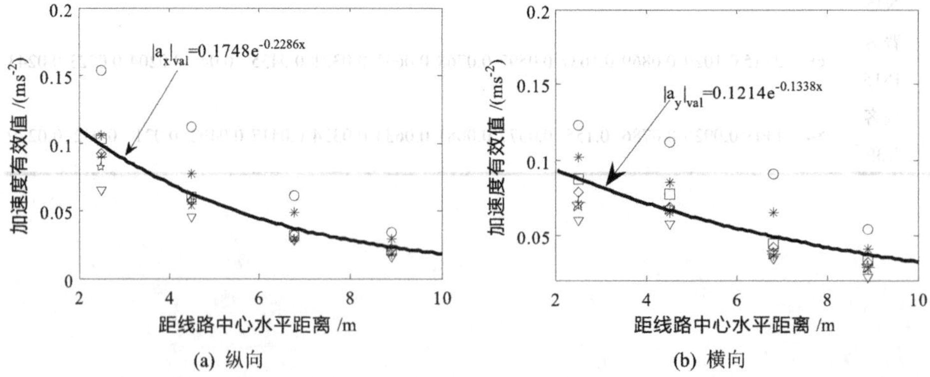

(a) 纵向 (b) 横向

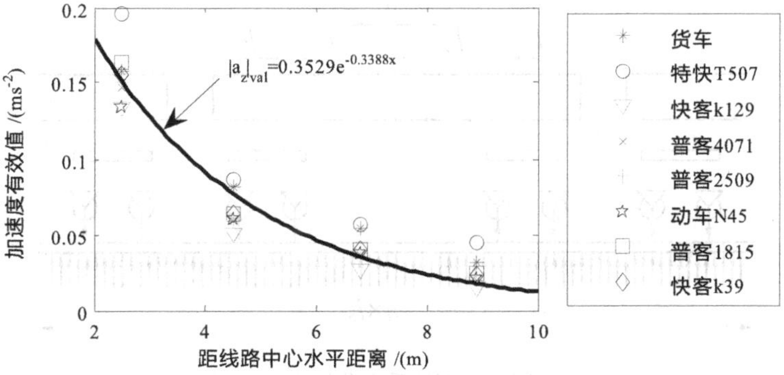

(c) 竖向

图 2-4 夏季路基振动加速度衰减关系

2.2.2.3 加速度频谱分析

对加速度时域数据进行快速傅里叶变换（FFT）即得到频谱图。本书针对典型列车时频曲线进行分析，得到列车荷载下路基振动峰值频率与转向架固定轴距引起的振动频率之间的关系。铁路路基内部动应力频率受车辆类型、路基结构、行驶速度等多因素共同影响。由车辆定距、转向架固定轴距和轨枕间距引起的振动频率公式为：

$$f_{ci} = iv/\left(2l_c\right)(i=1,2,3,\cdots) \tag{2-9}$$

$$f_{ti} = iv/\left(2l_t\right)(i=1,2,3,\cdots) \tag{2-10}$$

$$f_s = iv/l_s(i=1,2,3,\cdots) \tag{2-11}$$

式中：i 为车辆数；v 为行驶速度，s；l_c为车辆定距的 1/2，m；l_t为转向架固定轴距的 1/2，m；l_s为轨枕间距，m。计算得车辆定距、转向架固定轴距和轨枕间距引起的第 1 主频(i=1 时)分别列于表 2-2，钢轨受力分析模型如图 2-5 所示。

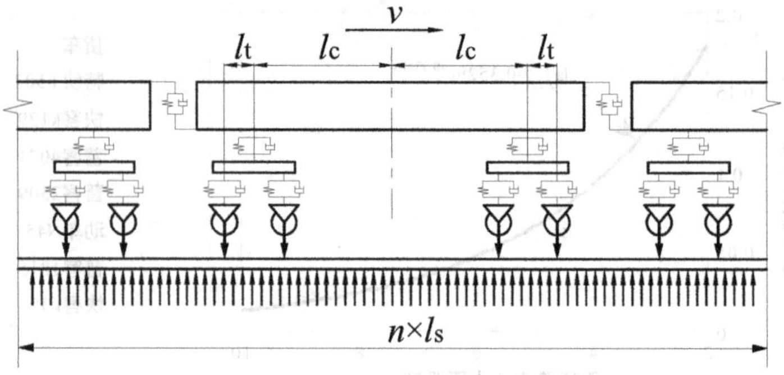

图 2-5 钢轨受力分析模型

表 2-2 监测车辆参数

车辆类型	车辆结构	速度 /(m/s)	l_c/m	l_t/m	l_s/m	f_{c1}/Hz	f_{t1}/Hz	f_{s1}/Hz
特快客车(T507)	2 系悬挂	140	8.4	1.2		2	16	70
快速客车(K39)	2 系悬挂	70	9	1.2	0.556	1	8	35
货车	1 系悬挂	60	4.25	0.915		2	9	30

以特快列车 T507 (v=140km/h)，快速列车 K39 (v=70km/h)和货车(v=60 km/h) 3 组典型列车监测结果为例，分析加速度频率与列车类型和行驶速度的关系。3 组列车的竖向时频曲线如图 2-6 所示，图中左侧为现场监测加速度时程曲线，右侧为经 FFT 变换得到的加速度频谱曲线。

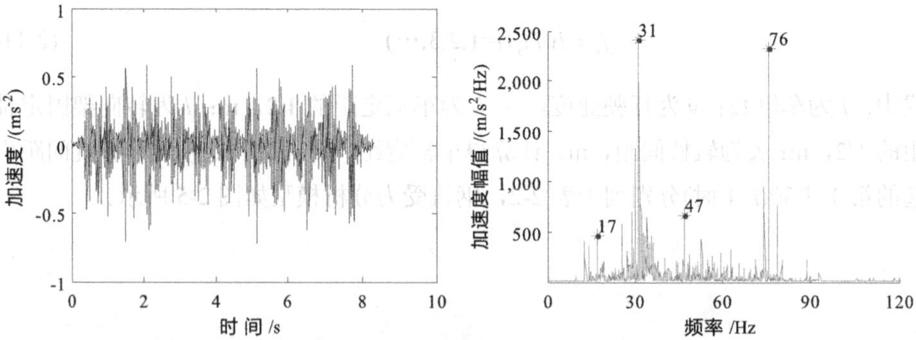

(a) 特快客车 T507

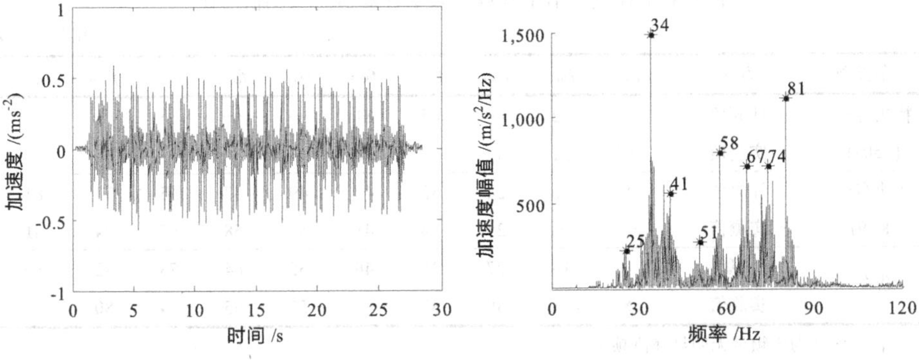

(b) 快速客车 K39

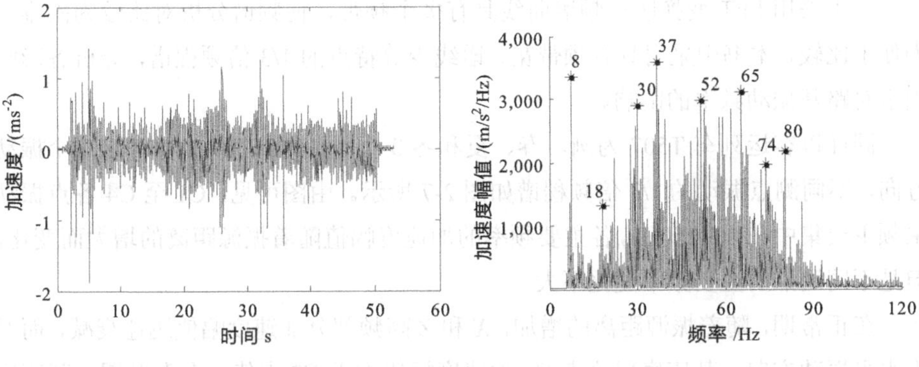

(c) 货车

图 2-6 不同类型列车加速度时程曲线(左)与对应频谱(右)分析

以快速列车 K39 为例，经 FFT 变换得到的加速度频谱曲线包括 8 个典型的频带，且每个频带内有一个明显的峰值频率，8 个峰值频率分别为 25Hz、34Hz、41Hz、51Hz、58Hz、67Hz、74Hz、81Hz。分析峰值频率与列车转向架固定轴距引起的频率关系，发现加速度频谱第 n 个频带的峰值频率可由如下公式表示：

$$f_{\mathrm{do},n} = nv/(2l_{\mathrm{t}}) \quad (n = 1, 2, 3, \cdots) \tag{2-12}$$

式中：v 为行驶速度，m/s；$2l_t$ 为转向架固定轴距。

仍以快速客车 K39 为例，由式 2-12 计算各频带的峰值频率：由表 2-2 车辆信息为 l_{t} =1.2m，v =70km/h=19.4m/s，代入后得：$f_{\mathrm{do},3}$=3×19.4/(2×1.2)=24Hz，$f_{\mathrm{do},4}$=4×19.4/(2×1.2)=32Hz，$f_{\mathrm{do},5}$=5×19.4/(2×1.2)=40Hz。3 组典型列车通过时程和频带峰值频率公式计算值与实测值见表 2-3，如表可见实测值与计算值对应较好，该公式可用于铁路路基场地加速度频谱各频带峰值的预测。

表 2-3 加速度频谱中各峰值频率计算值与实测值对比

单位：Hz

列车类型	方法	$f_{do,1}$	$f_{do,2}$	$f_{do,3}$	$f_{do,4}$	$f_{do,5}$	$f_{do,6}$	$f_{do,7}$	$f_{do,8}$	$f_{do,9}$	$f_{do,10}$
特快客车	计算值	16	32	49	65	81	—	—	—	—	—
(T507)	实测值	17	31	47	—	76	—	—	—	—	—
快速客车	计算值	8	16	24	32	41	49	57	65	73	81
(K39)	实测值	—	—	25	34	41	51	58	67	74	81
货车	计算值	9	18	27	36	46	55	64	73	82	—
	实测值	8	18	30	37	—	52	65	74	80	—

注："—"为该频带无明显峰值频率。

由于采用 FFT 变换所得频谱曲线具有多个频带，使频谱分析对比较为困难。为便于比较，本书中采用具有频带宽、谱线少等特点的 1/3 倍频程谱，分析各影响因素对路基振动频率的影响。

同样以客运列车 T507 为例，春、夏和冬 3 个季节，在 *X*、*Y* 和 *Z* 这 3 个振动方向，不同测点振动的 1/3 倍频程谱如图 2-7 所示。由图可见，C1 至 C4 各点振动主频主要集中在 10~150Hz，各主要频率的加速度幅值随着振源距离的增大而变化，但是不同测点的主要频率变化不大。

在正常期，随着振源距离的增加，*X* 和 *Z* 高频部分加速度幅值迅速衰减，而对于水平振动方向，基床底层测点 C3 加速度幅值大于 C2 点值；在春融期，基床底层测点 C3 加速度幅值在 *X*、*Y* 和 *Z* 3 个振动方向均大于 C1 点振动加速度幅值，测点 C4 加速度幅值在 *X* 和 *Z* 方向大于 C1 点振动加速度幅值；在冻结期，随着振源距离的增加，*X*、*Y* 和 *Z* 高频部分加速度幅值迅速衰减。

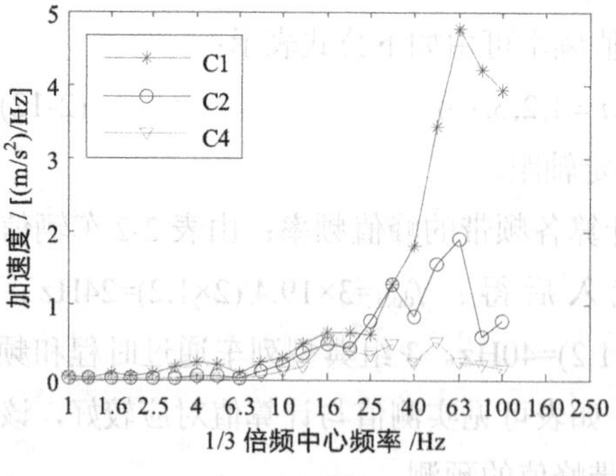

(a) 冻结期

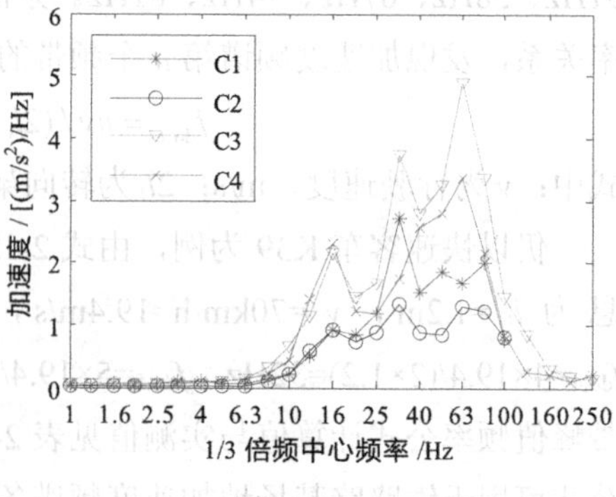

(b) 春融期

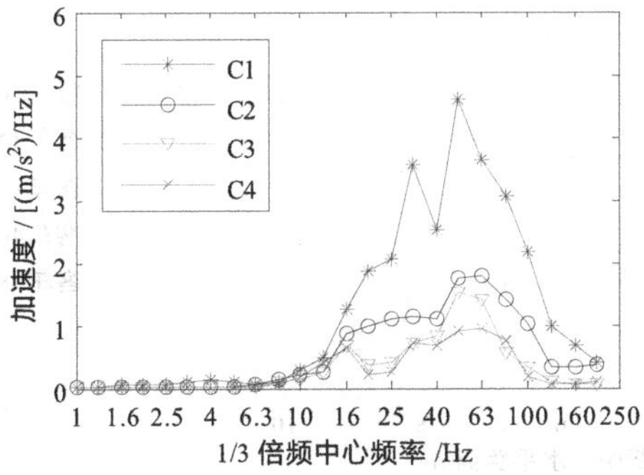

(c) 正常期

图 2-7 客车 T507 在不同监测点振动加速度的 1/3 倍频程谱

2.2.3 影响因素分析

2.2.3.1 列车类型、编组及行驶速度的影响

(1) 对加速度衰减规律的影响。以正常期为例，分析加速度有效值在距轨道不同水平距离点的分布。由图 2-8 可见，布置于路肩的 C1 点各次列车在 3 个方向的加速度有效值关系为：客车 T507>货车>客车 1815>客车 4071>客车 K129。

比较各次客车车型、车速和编组可见：T507 加速度有效值最大，这是由于尽管其载客车厢数量最小，但其行驶速度为 140km/h，是其他车辆行驶速度的 2 倍以上；1815(2+15)和 4071(1+17)车厢数量相近，且行驶速度均为 69km/h，但 1815 含 2 辆机车，其有效值大于 4071；而对于 K129，该次列车行驶速度(68km/h)小于其他客车，且客车车厢数量亦小于其他客车，因此，加速度有效值最小。货车载重量大且载物车厢数为 56 节远大于其他车辆，其加速度有效值仅次于 T507。

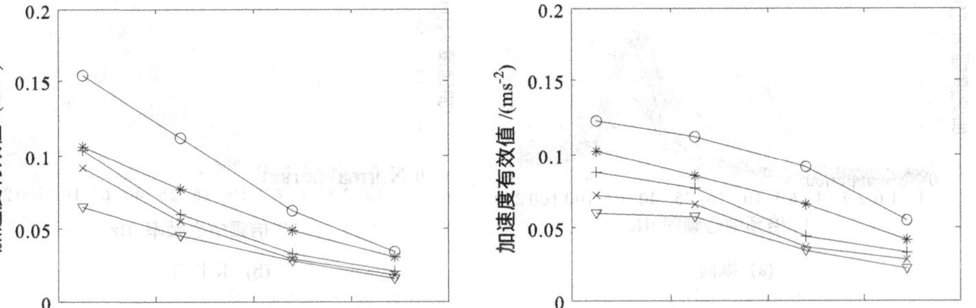

(a) 纵向　　(b) 横向

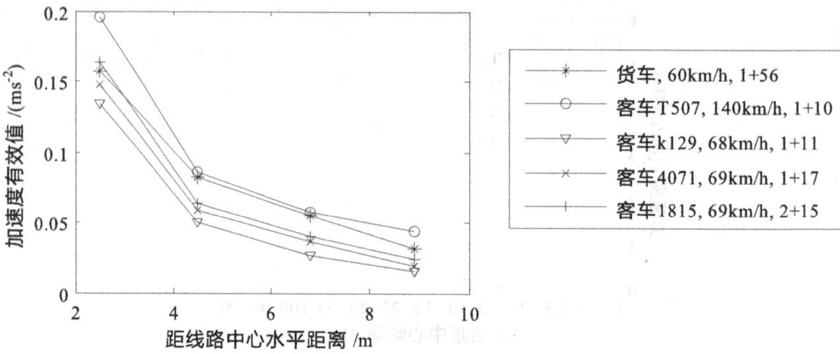

(c) 竖向

图 2-8 加速度有效值在距轨道不同水平距离点的分布规律

综上所述，列车行驶振动加速度幅值受列车类型、行驶速度、列车编组等因素共同影响。由于货车载重量大且载物车厢数较大，其加速度幅值较大；当列车编组相近，列车行驶速度越快，其加速度幅值越大；对于行驶速度相近的车辆，列车车厢数越多载重量越大，其加速度幅值越大。

(2) 加速度频谱。以正常期在路肩测点 C1 监测结果为例，货车、不同时速和不同编组客车在 3 个振动方向的 1/3 倍频程谱如图 2-9 所示。由图可见，列车通过 X、Y 和 Z 3 个方向加速度的 1/3 倍频程谱在 C1 点振动频率有 3 个明显频带，低频部分：1~10Hz，中频部分：10~100Hz，高频部分：100~150Hz。其中，受列车固定轴距影响货车在 5~10Hz 范围内有明显的频率峰值；振动频率在竖向振动方向主频带较宽，在水平向主频带 100~150Hz 较明显。

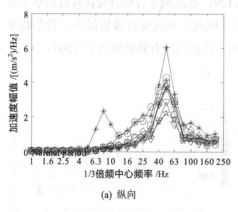

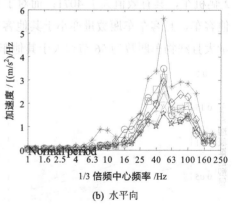

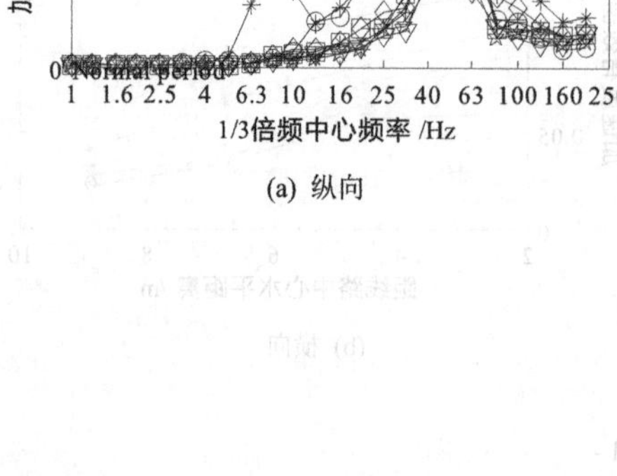

(a) 纵向

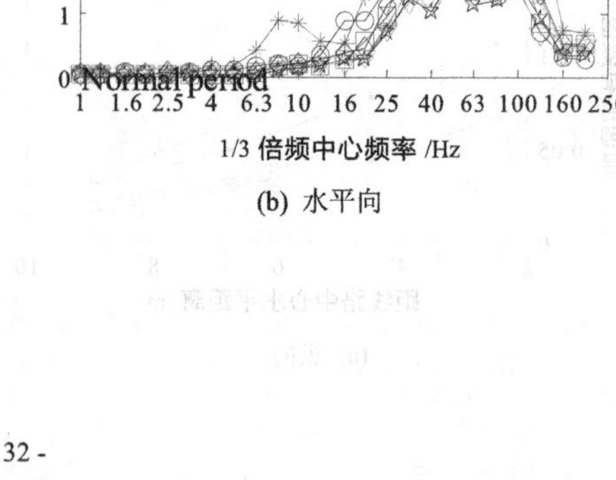

(b) 水平向

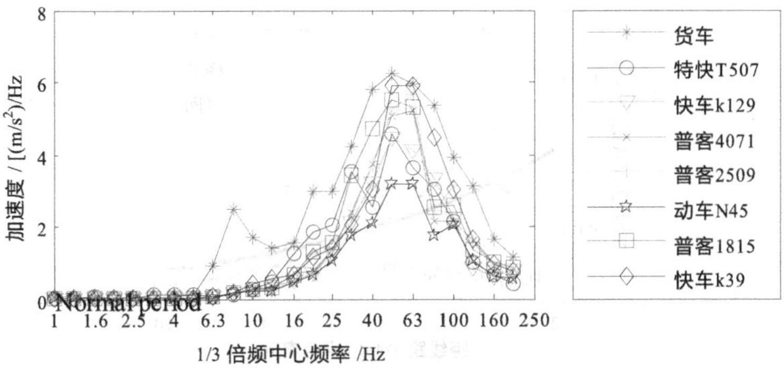

(c) 竖向

图 2-9 不同类型列车振动加速度的 1/3 倍频程谱

2.2.3.2 振动方向的影响

(1) 加速度衰减规律。对春季、夏季和冬季 3 个典型时期现场监测多次列车振动加速度幅值，在 *X*、*Y* 和 *Z* 3 个方向随距轨道距离增加而衰减规律分别进行拟合。衰减曲线可由负指数函数拟合$|a|_{val}=Ae^{-Bx}$，拟合曲线如图 2-10 所示。对拟合曲线分析可见，3 个季节加速度拟合曲线在 C1 点相差较大，随距轨道距离增加，在 C4 点相差较小。

由图 2-10(a)和(b)可见，在冬季和夏季，在路肩测点 C1 均为竖向振动加速度最大，纵向次之，水平横向加速度振动有效值最小。而由图 2-10(c)可见，在春季测点 C1 水平向加速度有效值最大，竖向次之，纵向最小。

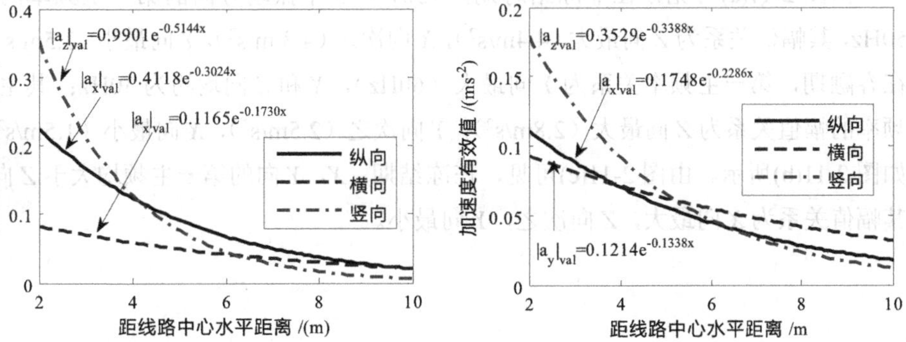

(a) 冬季　　　　(b) 夏季

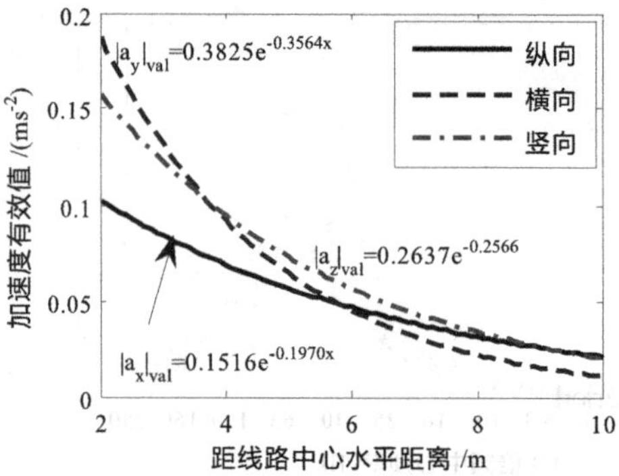

(c) 春季

图 2-10 不同振动方向加速度幅值随距轨道距离增加的拟合曲线

这是由于在冻结期，冻土层刚度增大，阻尼减小，使得冻土层对竖向和纵向振动有扩大作用，而对横向振动有一定约束作用。因此，与正常期相比，冻结期横向振动加速度减小，竖向和纵向增大。至春融期，冻土层开始双向融化，而路基中间仍存在一定厚度冻结层，它将阻止路基表层融土中水分向下渗透，而使路基表层的含水量增大，同时强度和刚度亦下降，因此对横向振动的约束能力也同时下降，因此，与正常期相比，在春融期横向振动增加，竖向和纵向振动减弱。

(2) 加速度频谱。以客运列车 T507 为例，比较同一列车在春季、夏季和冬季 3 个典型时期在 X、Y 和 Z 方向的振动加速度频率特性，分析不同路基冻结状态下 3 个振动方向路基振动加速度频率特性。

由图 2-11(a)可见，在非冻结时期，T507 在 3 个振动方向的第一主频率约为 50Hz，其幅值关系为 Z 向最大（4.4m/s^2），X 向次之（4.3 m/s^2），Y 向最小（3.5m/s^2）。在春融期，第一主频率关系为 Y 向最大（60Hz），X 和 Z 向均约为 30Hz；其主要频率的幅值关系为 Z 向最大（2.8m/s^2），Y 向次之（2.5m/s^2），X 向最小（1.5m/s^2），如图 2-11(b)所示。由图 2-11(c)可见，在冻结期，X，Y 向的第一主频均大于 Z 向，其幅值关系为 X 向最大，Z 向次之，Y 向最小。

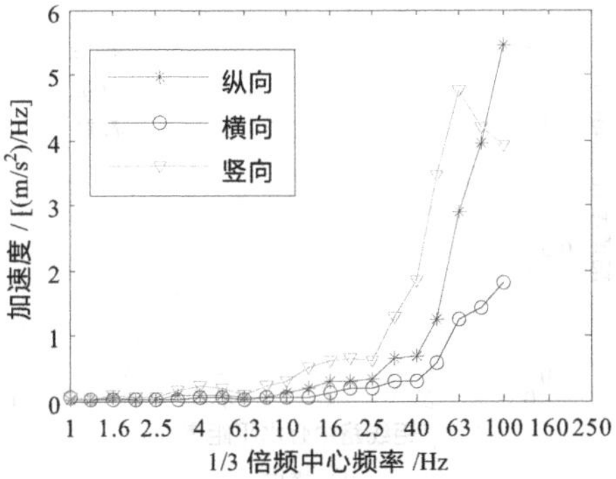

(a) 冻结期

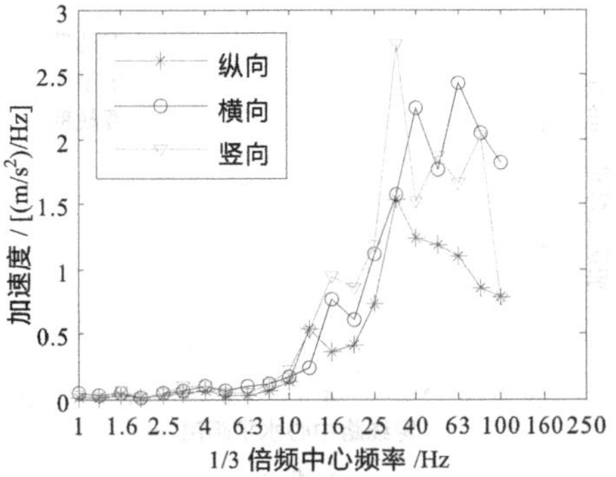

(b) 春融期

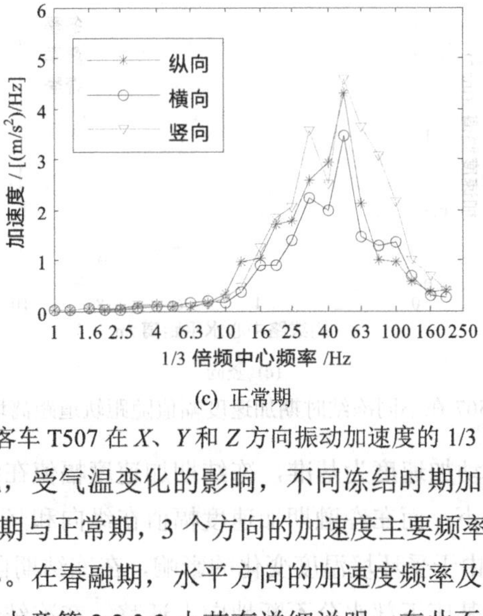

(c) 正常期

图 2-11 客车 T507 在 X、Y 和 Z 方向振动加速度的 1/3 倍频程谱

由以上分析可见，受气温变化的影响，不同冻结时期加速度主要频率与幅值的大小不同，在冻结期与正常期，3 个方向的加速度主要频率相近，水平方向加速度振动幅值相对较小。在春融期，水平方向的加速度频率及幅值较其他两个时期有所增加，其原因在本章第 2.2.3.3 小节有详细说明，在此不再赘述。

2.2.3.3 季节影响

(1) 加速度衰减规律。以客运列车 T507（列车编组 1+10，v=140km/h）为例，比较深季节冻土区同一列车在春季、夏季和冬季在 3 个方向的振动加速度幅值及其衰减规律。由图 2-12(a)和(c)可见，对于纵向和竖向振动方向，C1 测点加速度幅值在冻结期最大，分别为 1.4m/s² 和 1.8m/s²；正常期的加速度幅值低于冻结期，且分别为 0.8m/s² 和 1.1m/s²；春融期的加速度幅值最低，分别为 0.5m/s² 和 0.7m/s²。但是对于水平横向，C1 测点加速度幅值在正常期和春融期相近（约为 1.0m/s²），且均大于冻结期加速度幅值(约 0.7m/s²)。

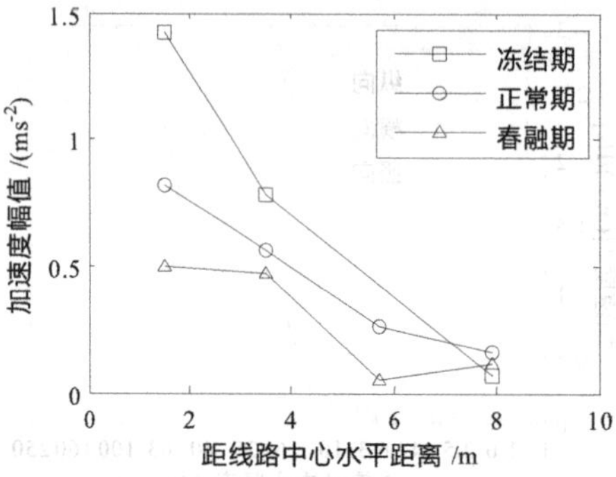

(a) 纵向

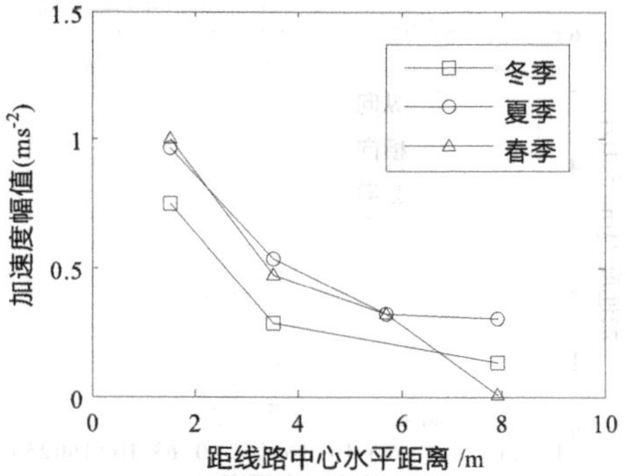

(b) 横向

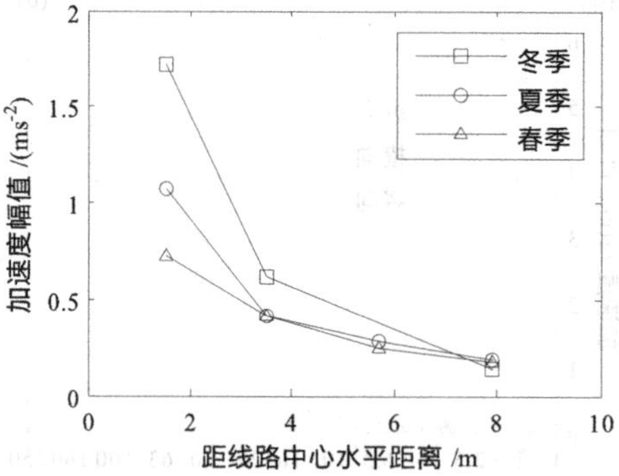

(c) 竖向

图 2-12 客车 T507 在不同冻结时期加速度幅值随距轨道距离增加的衰减规律

以正常期路基振动加速度为基准，冻结期加速度幅值在纵向和竖向放大，在水平向加速度幅值缩小；而在春融期加速度幅值在纵向和竖向缩小，而在水平方向有较小提高。这是由于受环境温度变化的影响，在冻结期自基床表层向下冻结，在这个冻结过程中，基床下部水分不断地向上迁移，在冻结锋面附近聚结成冰，这部分冻结层使路基强度和刚度增加，因而导致加速度幅值在纵向和竖向被放大而在水平方向被抑制。在春融期，气温逐渐回暖，自基床表层向下开始解冻，由于其下部土体仍处于冻结状态，融化产生的水分无法及时从底部排出，于是形成饱水层，使结构层刚度降低，此时在上部列车荷载作用下，加速度幅值在纵向和竖向被抑制而在水平略有增加。

(2) 加速度频谱。以客运列车 T507 为例，比较同一列车在 3 个振动方向，在 3 个典型时期的振动加速度频率特性。由图 2-13(a)、(b)和(c)可见，3 个振动方向 C1 测点主频均在冻结期最大（X 和 Y 向约为 100Hz，Z 向约为 60Hz）；在纵向与竖向，正常期主频（约为 50Hz）均大于春融期（约 30Hz）；而对于水平横向，正常期主频（约为 50Hz）小于春融期（约 60Hz）。分析主频所对应的加速度幅值可见，在纵向与竖向，冻结期最大（约 5.8m/s² 和 4.8 m/s²），正常期次之（约 4.2m/s² 和 4.7m/s²），春融期最小（约 1.8m/s² 和 2.0m/s²）；而在水平方向，春融期幅值大于正常期。

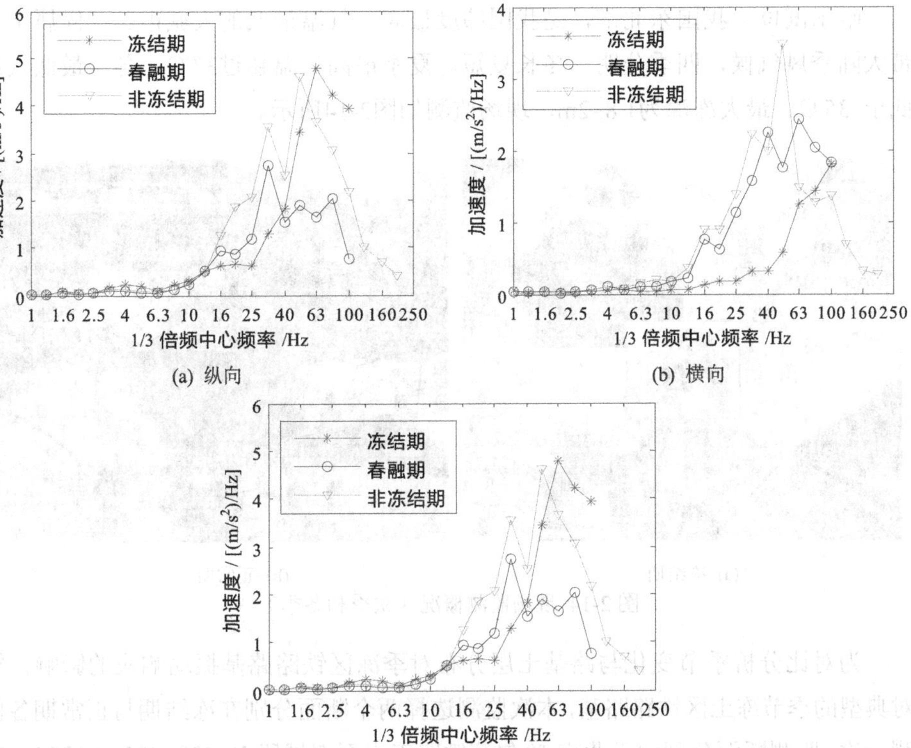

(a) 纵向

(b) 横向

(c) 竖向

图 2-13 客车 T507 在不同冻结时期振动加速度的 1/3 倍频程谱

由以上分析可见，与正常期相比，在冻结期由于基床表层冻结层强度和刚度增加，因而 3 个振动方向上加速度主要频率均有所增加，且其主要频率所对应的幅值在纵向和竖向被放大，在水平方向受到抑制而减小；在春融期，自基床表层向下开始解冻，融化产生的水分无法及时从底部排出而形成饱水层，使结构层强度大大降低，导致在纵向和竖向加速度频率及幅值均减小，而在水平向其频率略大于正常期而幅值略小于正常期值。

2.3 北京-哈尔滨铁路加速度现场监测

2.3.1 监测断面选择与测点布置

哈尔滨位于我国东北部，是我国纬度最高、气温最低的大城市。气候属中温带大陆季风气候，四季分明，冬长夏短。夏季最高气温超过37℃，冬季最低气温低于-35℃、最大冻深为1.8~2m，现场监测如图2-14所示。

(a) 冻结期　　　　(b) 正常期

图 2-14 现场监测概况（秋季和冬季）

为对比分析季节变化与路基土层分布对季冻区铁路路基振动响应的影响，针对典型的季节冻土区铁路路基，本次监测选择两个断面分别在冻结期与正常期各监测一次。监测断面分别位于北京-哈尔滨铁路王岗至双城段 K1229+095、K1229+135 断面处。每个监测断面选择 8 个测点，分别位于钢轨（A1、B1 点）、轨枕（A2、B2 点）、路肩（A3、B3 点）、路堤（A4、B4 点）、路堤（A5、B5 点）、坡角（A6、B6 点）、场地（A7、B7 点）、场地（A8、B8 点），监测断面的几何形态、测点布置与地层结构如图 2-15 和图 2-16 所示。监测时间分别为 2010 年 9 月（路基无冻土层）和 2011 年 2 月（路基有冻土层）。监测仪器采用中国国家地震局工程力学研究所研制开发的 891-2 型测振仪，仪器性能介绍见 2.2.1 节。

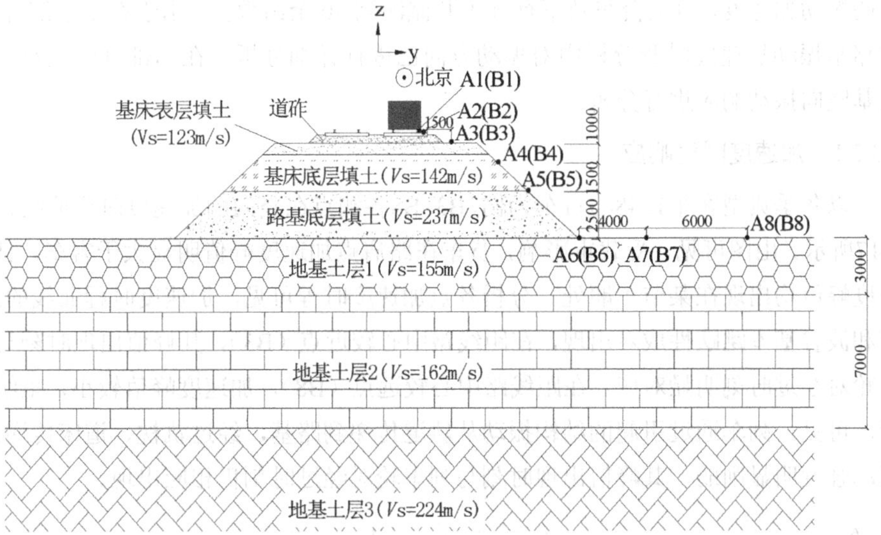

图 2-15 监测断面横断面测点布置图

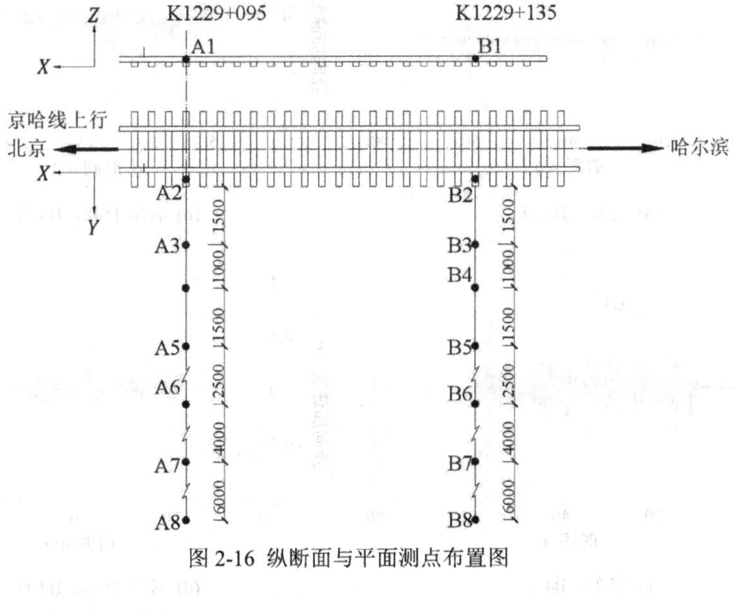

图 2-16 纵断面与平面测点布置图

2.3.2 监测结果与分析

监测结果包括冬季（冻结期）和秋季（正常期）两个典型时期加速度时程。在两个不同时期均监测到不同列车车型、不同车速和不同列车编组列车在 8 个测点的振动加速度，包括会车及下行列车共监测到 80 余组数据。由于在哈尔滨-满洲里路基振动加速度时频分析中对振动方向已进行详细分析，在本部分中仅对铁路路基竖向振动响应进行分析。

2.3.2.1　加速度时程响应

以冬季典型客车1548与货车为例，B3~B8各测点在竖向的加速度时程曲线如图2-17所示。由图可见，受载重影响，货车在路肩点加速度峰值明显大于客车，且加速度峰值均出现在某节车厢处。分析各点加速度时程可见，加速度时程曲线的波峰和波谷基本跳跃性成对出现，在距线路中心较近点（B3），其峰值出现时刻与列车轮对经过时刻明显对应。在距线路中心较远点（B8），加速度峰值较小，呈纺锤形。可见，列车通过引起的结构振动从轨道传递到路基，经过轨枕、道床传递后振动强度明显削弱，其峰值出现时刻与列车轮对经过时刻仍相应出现。

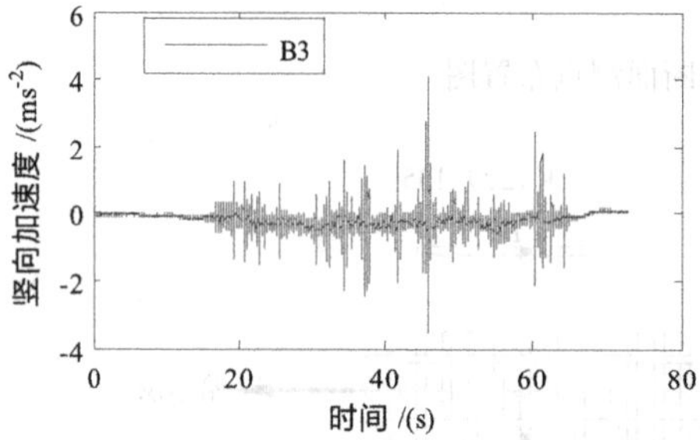

(a) 货车、B3 点

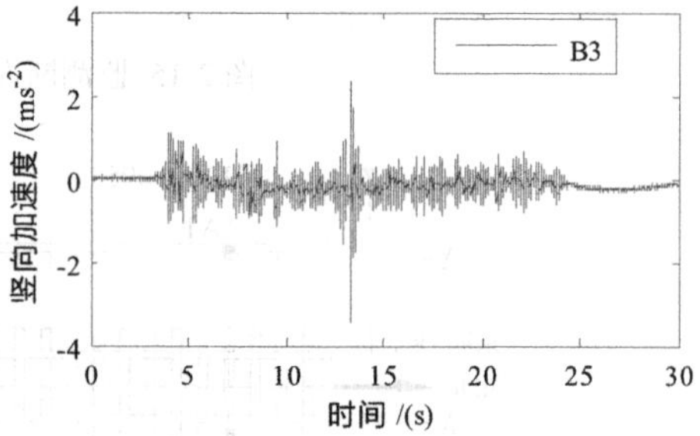

(b) 客车 1548、B3 点

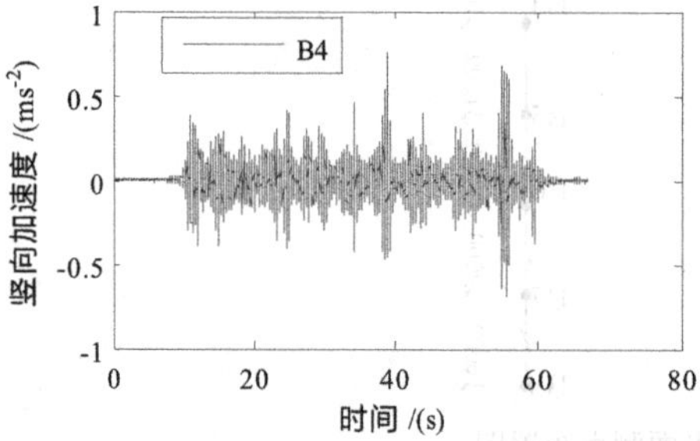

(c) 货车、B4 点

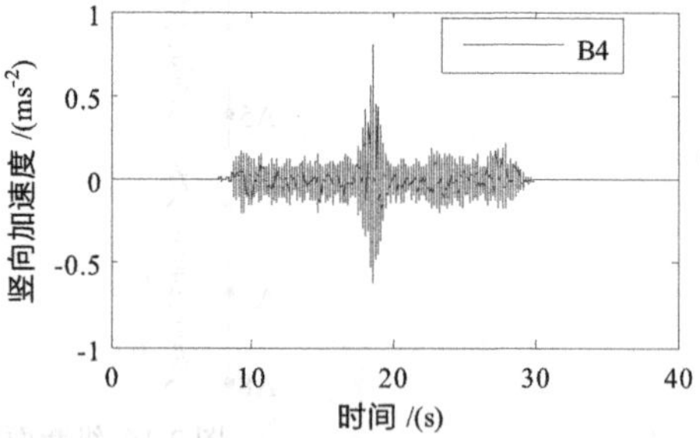

(d) 客车 1548、B4 点

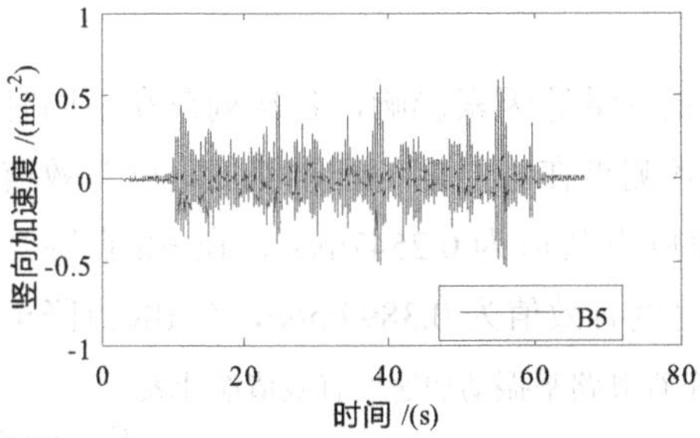

(e) 货车、B4 点

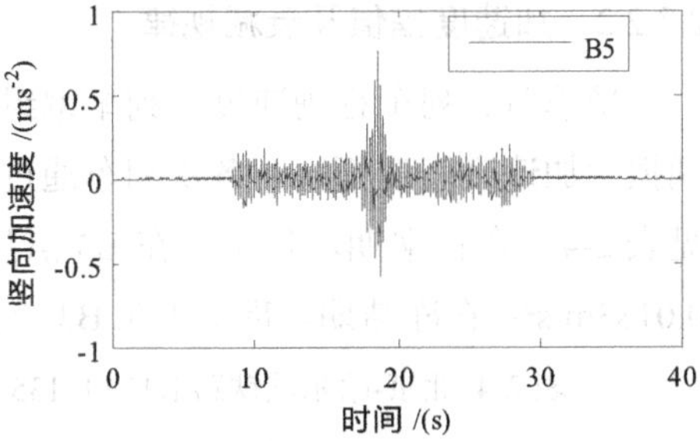

(f) 客车 1548、B5 点

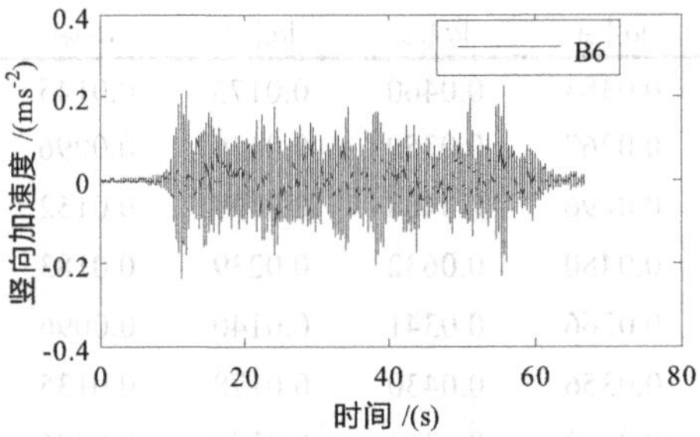

(g) 货车、B4 点

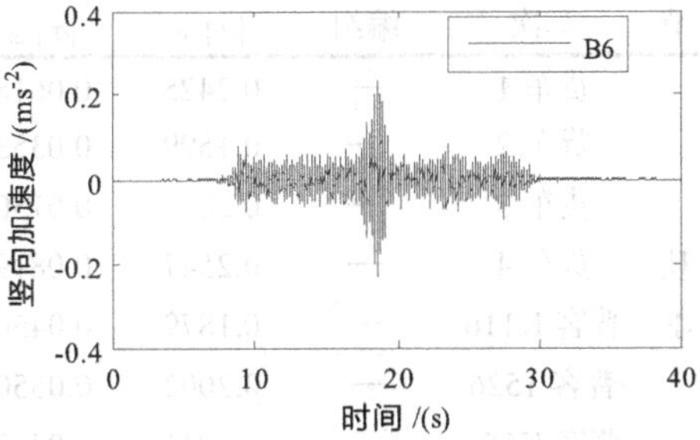

(h) 客车 1548、B6 点

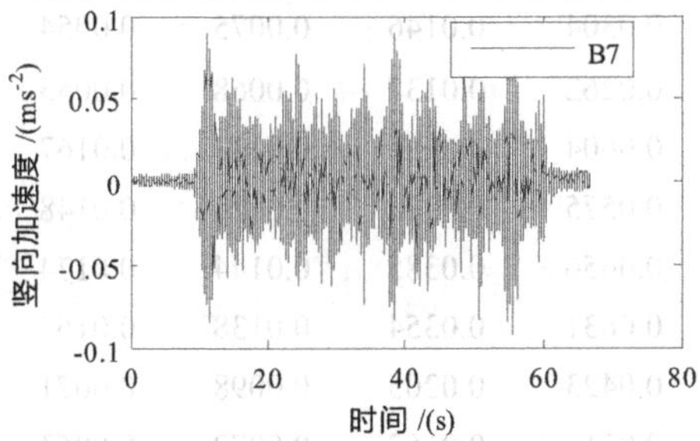

(i) 货车、B4 点

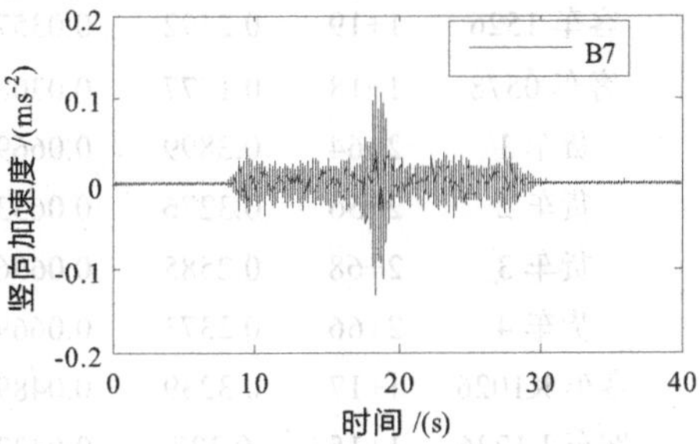

(j) 客车 1548、B7 点

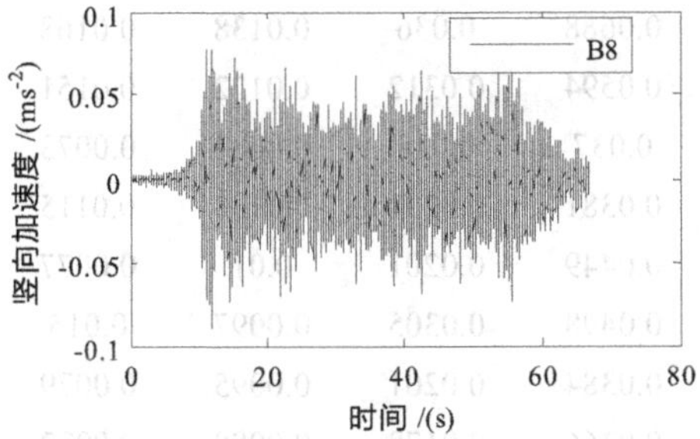

(k) 货车

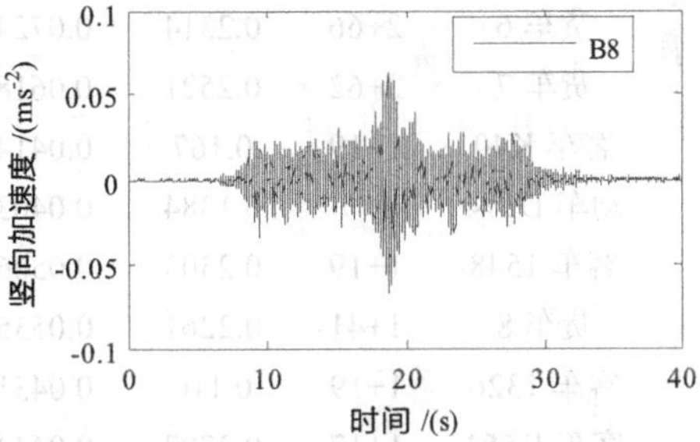

(l) 客车 1548、B8 点

图 2-17 测点 B3~B8 加速度时程曲线

2.3.2.2 加速度幅值及衰减规律

受季节、列车行驶速度、列车编组、载重量等因素影响，各次列车在不同时期振动加速度强度不同。各次列车通过时各测点在冻结期与正常期加速度有效值见表 2-4。在正常期，货车 4 在 B3 点加速度有效值为 0.2547m/s^2，在 B8 点降至 0.0183m/s^2；在冻结期，货车 1 在 B3 点加速度有效值为 0.3899m/s^2，在 B8 点降至

表 2-4 北京-哈尔滨铁路 K1229+135 列车行驶路基振动加速度有效值统计表

单位：m/s^2

季节	车型车次	车辆编组	B3 点	B4 点	B5 点	B6 点	B7 点	B8 点
			$\|a_z\|_{val}$	$\|a_z\|_{val}$	$\|a_z\|_{val}$	$\|a_z\|_{val}$	$\|a_z\|_{val}$	$\|a_z\|_{val}$
秋季	货车 1	—	0.2425	0.0618	0.0383	0.0460	0.0173	0.0145
	货车 2	—	0.1599	0.0353	0.0267	0.0259	0.0136	0.0096
	货车 3	—	0.2017	0.0750	0.0496	0.0468	0.0199	0.0152
	货车 4	—	0.2547	0.0819	0.0480	0.0632	0.0239	0.0183
	普客 K116	—	0.1879	0.0450	0.0266	0.0341	0.0140	0.0096
	普客 1526	—	0.2002	0.0550	0.0356	0.0430	0.0178	0.0135
	普客 K554	—	0.1811	0.0462	0.0272	0.0363	0.0150	0.0096
	动车 D26	—	0.1641	0.0546	0.0396	0.0388	0.0143	0.0118
冬季	客车 1526	1+19	0.2492	0.0357	0.0304	0.0146	0.0075	0.0054
	客车 0578	1+18	0.1777	0.0308	0.0262	0.0137	0.0068	0.0055
	货车 1	2+64	0.3899	0.0669	0.0604	0.036	0.0133	0.0167
	货车 2	2+56	0.3276	0.0653	0.0575	0.0319	0.0128	0.0148
	货车 3	2+68	0.2585	0.0696	0.0656	0.0385	0.0144	0.0174
	货车 4	2+66	0.2373	0.0669	0.0631	0.0354	0.0138	0.0167
	客车 K1026	1+17	0.3239	0.0489	0.0423	0.0205	0.0098	0.0071
	客车 L1226	1+15	0.327	0.0322	0.0315	0.0157	0.0079	0.0063
	货车 5	1+31	0.2198	0.041	0.0398	0.0223	0.0082	0.0107
	货车 6	2+66	0.2314	0.0724	0.0688	0.036	0.0138	0.0168
	货车 7	2+62	0.2521	0.0618	0.0594	0.0312	0.0122	0.0151
	客车 K40	1+19	0.167	0.0414	0.037	0.018	0.0084	0.0073
	动车 D174	1+7	0.1384	0.0403	0.0381	0.0231	0.0108	0.0115
	客车 1548	1+19	0.2303	0.0506	0.0449	0.0201	0.01	0.0077
	货车 8	1+41	0.2261	0.0535	0.0498	0.0305	0.0097	0.015
	客车 1326	1+19	0.116	0.0431	0.0384	0.0201	0.0095	0.0079
	客车 K554	1+17	0.2707	0.0444	0.0366	0.0178	0.0088	0.0072
	客车 L14	1+16	0.264	0.0308	0.0265	0.014	0.0071	0.0055
	货车 9	2+60	0.242	0.0599	0.0534	0.032	0.012	0.0153

0.0167m/s^2，可见，随距轨道距离的增加，各次列车幅值均在衰减，在距坡角水平距离 10m 处加速度振动强度基本归零。同时发现，载重量大的货车加速度有效值总体大于客车，载重量小的货车加速度幅值亦较小。对于客车 K554，在冻结期与正常期在路肩点加速度有效值分别为 0.2707m/s^2 和 0.1811m/s^2，可见，对于同一辆列车在冻结期加速度振动强度略大于正常期，此研究结果与大庆-哈尔滨铁路路基振动加速度监测结果一致。

图2-18所示为现场监测的各次列车在正常期与冻结期在各测点的加速度有效值的衰减规律。由图可见，各次列车加速度有效值均随距轨道距离的增加而衰减，且衰减规律符合负指数函数。在正常期与冻结期衰减拟合函数分别为 $|a_z|_{val}=0.3171e^{-0.2516x}$ 和 $|a_z|_{val}=0.4511e^{-0.3226x}$。由图2-18可见，在坡角点(B6点)，加速度幅值比相邻位置略大，此研究结果与相关文献研究结果相同。

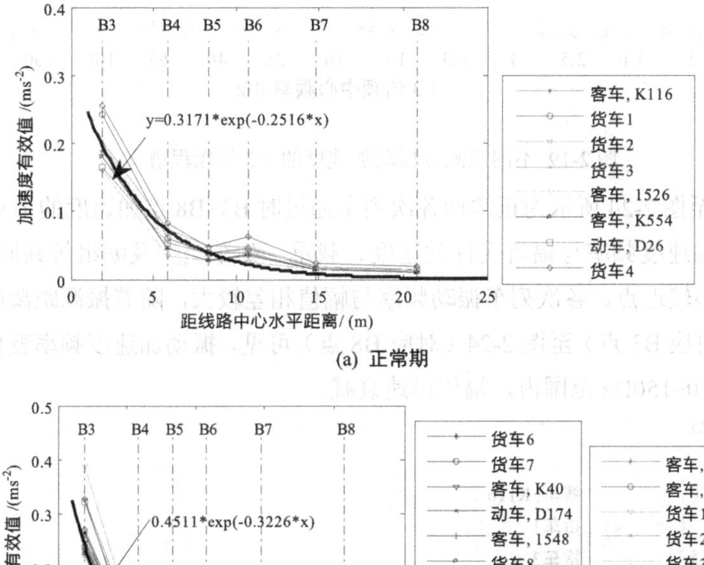

(a) 正常期

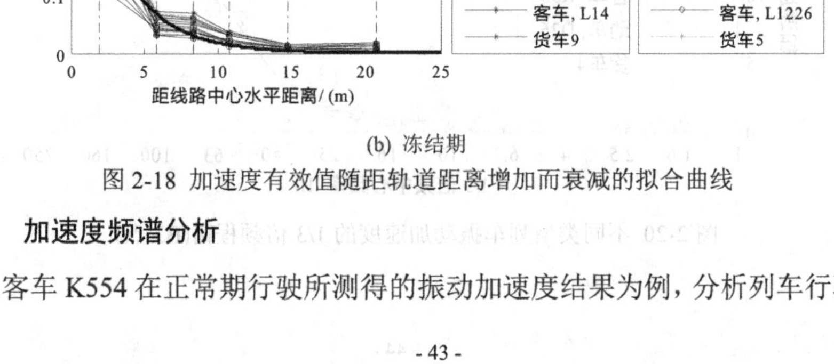

(b) 冻结期

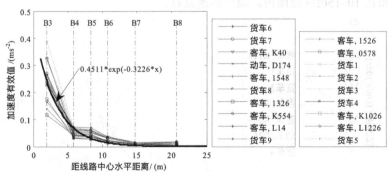

图 2-18 加速度有效值随距轨道距离增加而衰减的拟合曲线

2.3.2.3 加速度频谱分析

以客车 K554 在正常期行驶所测得的振动加速度结果为例，分析列车行驶引起路基各测点加速度频谱特性，如图 2-19 所示。由图可见，不同测点的主频带范围变化不大，均主要集中在 10~150Hz 范围内。由于场地的滤波作用，轮轨激励引起路基各测点在主频带的加速度幅值随距线路中心距离增加（由 B3 点至 B8 点）而减小。

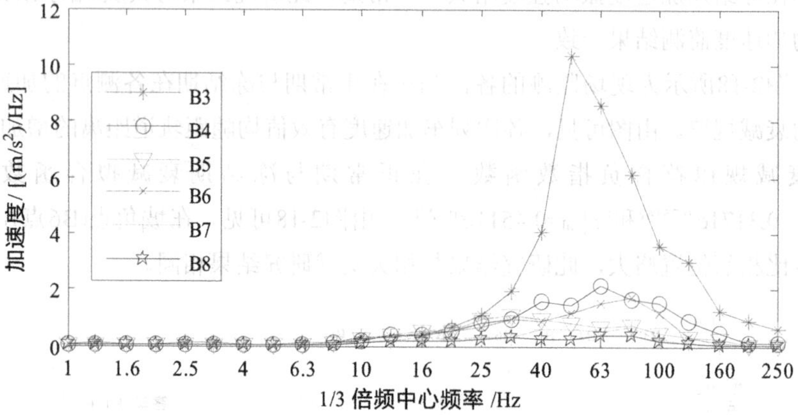

图 2-19 不同监测点振动加速度的 1/3 倍频程谱

图 2-20 至图 2-24 所示为正常期各次列车通过时 B3~B8 点加速度的 1/3 倍频程谱。可见，加速度频率与幅值受行驶速度、载重、列车类型及编组等共同影响，在距线路中心较近点，各次列车振动频率与幅值相差较大，随着振源距离的增加，由图 2-20（对应 B3 点）至图 2-24（对应 B8 点）可见，振动加速度频率变化不大，主要分布在 10~150Hz 范围内，幅值迅速衰减。

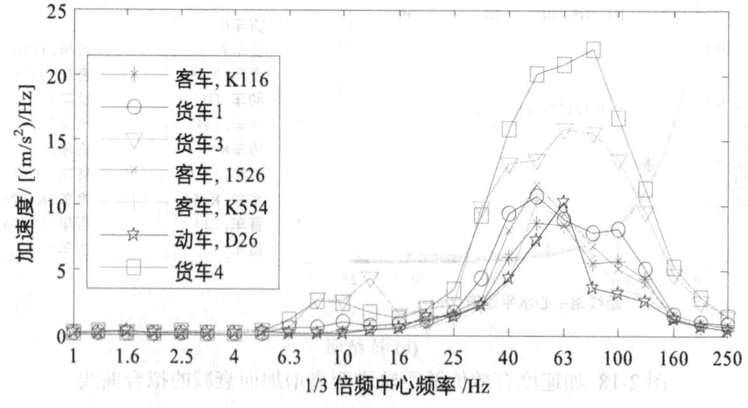

图 2-20 不同类型列车振动加速度的 1/3 倍频程谱(B3 点)

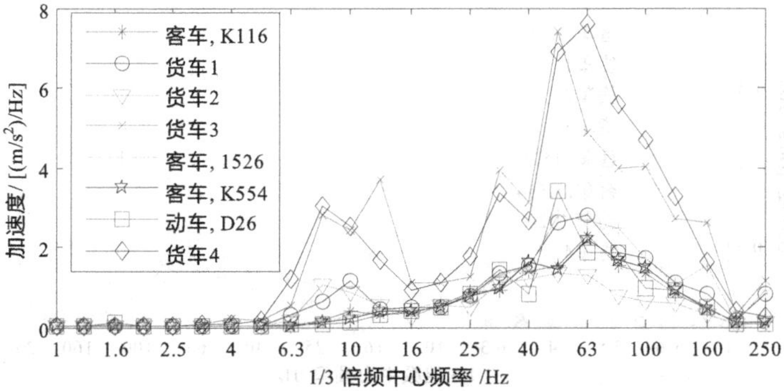

图 2-21 不同类型列车振动加速度的 1/3 倍频程谱(B4 点)

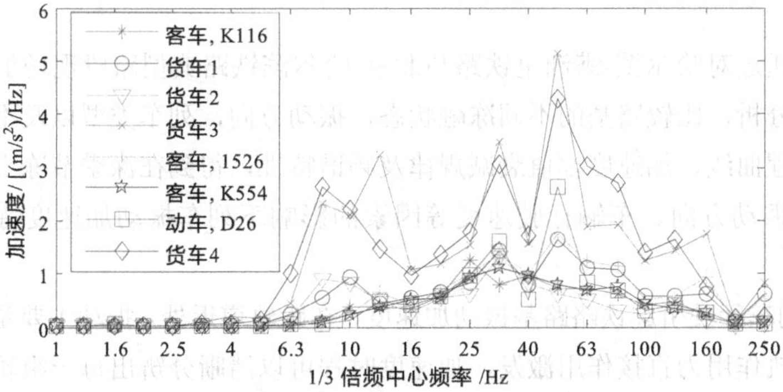

图 2-22 不同类型列车振动加速度的 1/3 倍频程谱(B5 点)

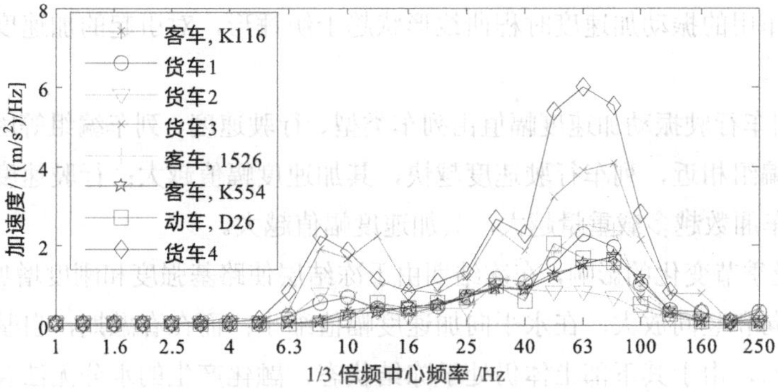

图 2-23 不同类型列车振动加速度的 1/3 倍频程谱(B6 点)

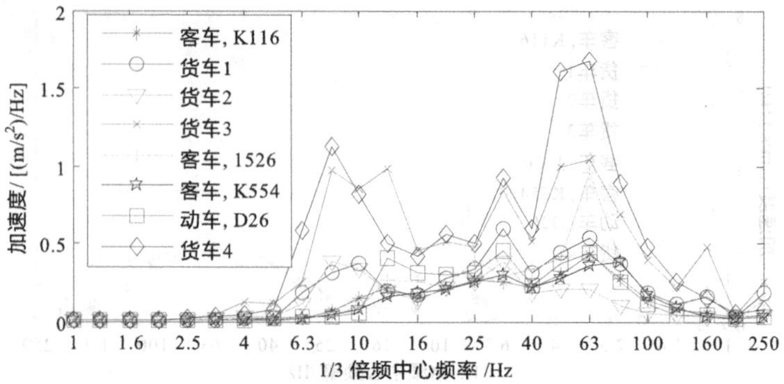

图 2-24 不同类型列车振动加速度的 1/3 倍频程谱(B8 点)

2.4 本章小结

本书通过对哈尔滨-满洲里铁路与北京-哈尔滨铁路典型路段现场加速度监测数据进行分析，比较路基的不同冻融状态，振动方向，列车类型以及不同测点的加速度时程曲线、加速度幅值衰减规律及频谱特性，得到在深季节冻土区路基冻融状态、振动方向、车辆行驶速度等因素的影响下列车振动加速度特性，结论如下：

(1) 列车行驶引起铁路路基振动加速度，在距轨道近处，振动主要是由列车周期性的轮轨作用力直接作用激发，加速度时程可以清晰分辨出每一组轮对通过时引起的加速度峰值循环；在距轨道远处，由于场地的滤波作用，单一激励点引起的各主要频率的加速度幅值随着振源距离的增大不断减小，受振动叠加作用，多激励共同作用的振动加速度时程曲线形状趋于纺锤形，对引起的加速度峰值循环不明显。

(2) 列车行驶振动加速度幅值由列车类型、行驶速度、列车编组等因素共同影响。列车编组相近，列车行驶速度越快，其加速度幅值越大；行驶速度相近的车辆，列车车厢数越多载重量越大，其加速度幅值越大。

(3) 受季节变化的影响，在冻结期由于冻结层使路基强度和刚度增加，加速度幅值在纵向和竖向放大，在水平向加速度幅值缩小；而在春融期，自基床表层向下开始解冻，由于其下部土体仍处于冻结状态，融化产生的水分无法及时从底部排出，形成饱水层，使结构层强度大大降低，加速度幅值在纵向和竖向被抑制而在水平略有提高。

(4) 加速度频谱由若干个频带组成，且每个频带范围内存在一个明显的峰值频率，各频带峰值频率可由列车转向架固定轴距引起的频率表示。

(5) 列车行驶引起加速度频率特性由列车类型、行驶速度、列车编组等因素共同影响。振动加速度频带可划分为低频带（1~10Hz）、中频带（10~100Hz）、高频带（100~150Hz）三部分。

第3章 深季节冻土区列车行驶振动下路基土动力学参数试验研究

与非季节冻土地区不同，季节冻土区铁路路基经受随季节变化的周期性冻融循环作用，使路基土物理性质、力学性质和水理性质均发生较大改变。近年来，随着各国铁路重载化与高速化的大量需求，各种铁路线在季节冻土区大量建设，交通荷载作用下的冻土动本构关系与动力学参数成为本领域的研究热点，并取得了大量研究成果，而针对季节性冻融循环与列车荷载联合作用下路基冻土与融土的动力参数试验研究鲜有开展。

鉴于此，本章针对典型深季节冻土区铁路路基土，考虑随季节变化引起的路基土冻融循环与列车行驶振动荷载联合作用，进行不同的冻融循环次数、温度、荷载幅值与频率等条件下路基土的低温动三轴试验。以等效线性化模型刻画冻土与融土的动应力-动应变关系，采用改进的Hardin双曲线模型刻画列车荷载作用下冻土与融土的骨干曲线，进而研究各因素对冻土与融土动剪切模量和阻尼比的影响。通过研究列车荷载下冻土与融土的动力本构关系和动力学参数变化规律及其影响因素，为后文中列车荷载下深季节冻土区铁路路基振动响应特性的研究提供本构模型与计算参数。试验于2010年10—12月，在中国科学院寒旱所重点试验室完成全部试验内容。

3.1 低温动三轴试验简介

3.1.1 试验仪器与性能

本书中室内动三轴试验均采用的是中国科学院寒旱所冻土工程国家重点实验室引进的，由美国MTS公司生产的MTS-810型振动三轴材料试验系统(图3-1)。该设备采用液压侧限控制工作原理，通过配置的低温围压系统、循环冷浴系统与自动数据采集系统，试验全程应用计算机全自动控制，试验数据连续采集。试验机主要技术参数如下[67]：稳定围压范围为300~20000kPa，最大轴向位移为±85mm，最大轴向负荷为100kN，荷载频率范围为0~50Hz，温度范围为常温至-30℃，控温精度为±0.1℃。

图 3-1 低温动三轴试验系统

3.1.2 土样性质与试件制备

本书室内试验采用的土样为典型深季节冻土区铁路路基沿线分布较广的粉质黏土。通过击实试验测得土样最优含水量为 16.8%，该土样含水量与干密度的关系曲线如图 3-2 所示。测得土样液限为 33%，塑限为 18%，塑性指数为 I_P=15。

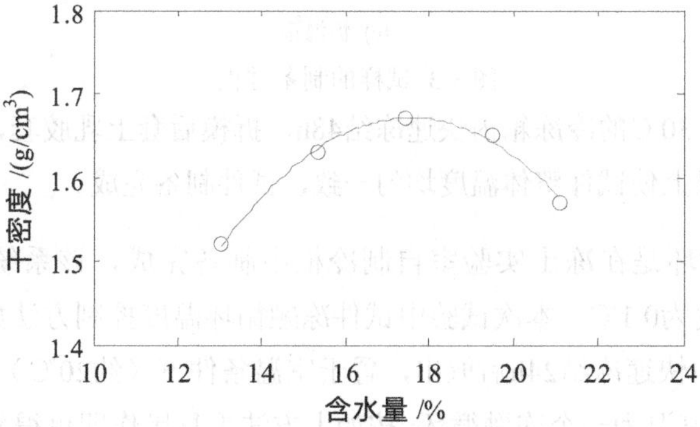

图 3-2 土样含水量与干密度关系曲线

依据土工试验方法标准(GB50123/T—1999)与地基动力特性测试规范

(GB50269/T—1997)制备重塑土试件。采用标准方法批量制备试件以便于对比试验结果。在制样前，先将土配成含水量为16.8%的散状土，并在限制蒸发条件下保持约12h，使土体均匀，然后通过专用制样机将土样一次性压制成直径为61.5mm、高度为125mm、最大干密度为1.71g/cm^{3}的标准圆柱试件，如图3-3所示。

(a) 三瓣器

(b) 制成试样

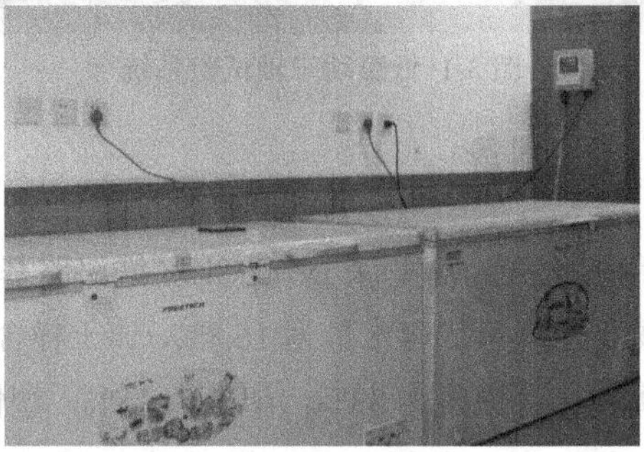

(c) 恒温箱

图3-3 试样的制备过程

将试件置于-30℃的冷冻箱内快速冻结48h，拆模后套上乳胶套，将试样放入恒温箱内恒温24h以上使试件整体温度均匀一致，试件制备完成。

试件冻融循环是在冻土实验室自制冷柜中制备完成，该系统负温稳定可达-30℃，温度精度为0.1℃。本次试验中试件冻融循环温度控制方法如下：试件在负温为-20℃冷柜中快速冻结24h后取出，置于室温条件下（约20℃）融化12h，待试件温度稳定达到室温为一个冻融循环。按如上方法重复操作即可得到所需冻融循环次数试件。融土动三轴试验所用试件需放置于室温环境下恒温12h后使试件整体温度均匀一致，试件制备完成。

3.1.3 试验加载模式与终止标准

由现场监测结果表明，铁路路基列车荷载为单向脉冲应力波，在路基顶面测得的荷载形式如图 3-4(a)所示，随着路基深度的增加，在路基深部单向脉冲应力转化为图 3-4(b)的形式[184]。在室内试验时，针对铁路路基往往采用单向正弦应力代替列车的单向脉冲应力模拟列车行驶振动荷载的波形、振动方向和频率。

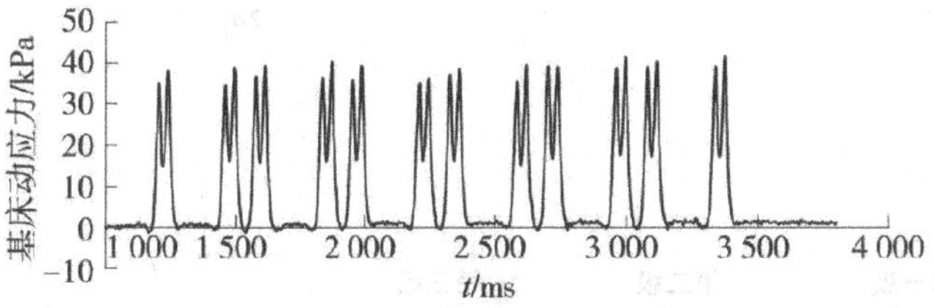

(a) 路基顶面

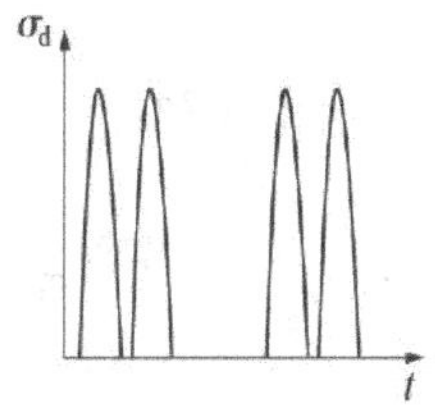

(b) 路基土体较深处

图 3-4 基床动应力时程曲线[184]

冻土、融土动力学参数研究时，施加的动荷载为逐级增加幅值的正弦波循环荷载。采取每一试件的加载级数至少为 10 级，每级荷载振动 12 次的分级循环加载方式[184]，加载至试件变形终止标准为止。每级动荷载由最大动应力、最小动应力和加载频率确定，最大动应力、最小动应力分别为一个循环周期中应力所达到的最大值和最小值，即正弦波的波峰与波谷。据列车行驶路基振动实测结果[16,147,177-182]，考虑到路基面以上静荷载的影响，并考虑相似设计思想，适当放大动荷载。采用图 3-5 所示等效谐波加载方式，加载方程为：

$$\sigma(t)=\sigma_3+\sigma_a+\sigma_{dn}\left[1+\sin 1+\sin(2\pi ft)\right] \tag{3-1}$$

式中：σ_3 为围压；σ_a 为初始静应力；σ_{dn} 为第 n 级动应力幅值；f 为加载频率；t 为时间。

冻土、融土动力蠕变性质研究时，只施加一级动荷载至试件变形终止标准为止，加载方程为：

$$\sigma(t)=\sigma_3+\sigma_a+\sigma_d\left[1+\sin 1+\sin(2\pi ft)\right] \tag{3-2}$$

将制备好的试件放进低温动三轴压力腔中进行加载试验。试件加载分为等压固结、静力加载和动力加载三个部分。试件自三轴仪压力舱油温稳定在试验温度后等压固结 2h，然后，线性加载轴向静力 σ_a 并维持 30s，最后施加循环动荷载，各试件加载方式相同，以便于对比。

室内动三轴试验的试件破坏标准通常取5%的轴向动应变，本次试验测定冻土与融土试件破坏标准取15%的轴向动应变。这是因为试件轴向动应变达到5%后，继续施加轴向动荷载可获取应变较大时的动力骨干曲线。

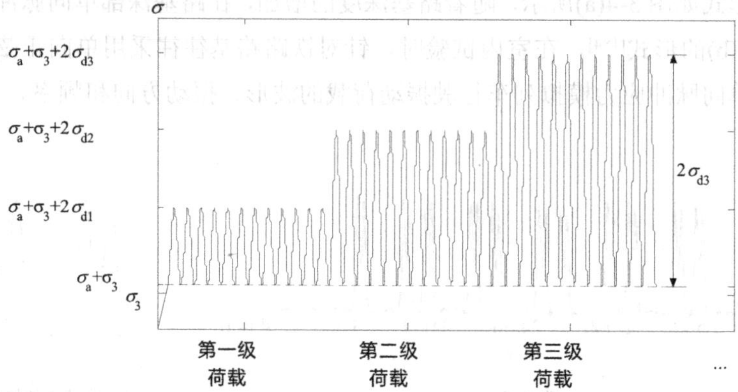

图3-5 动力学参数试验加载方式

3.1.4 数据处理方法

衡量土的动力性能的两个重要指标是动剪切模量与阻尼比，轨道交通荷载作用下路基土的动应力-动应变关系可采用等效线性化模型描述[67]。本书中路基冻土与融土动三轴试验数据处理具体步骤如下。

(1) 通过动三轴试验设备所匹配的数据采集系统自动采集数据，可以直接测得每级荷载等级下试件轴向位移、轴向力、侧向位移和侧向力。据此可计算得到加载过程中每一级循环荷载下动剪应变幅值γ_d和动剪应力幅值τ_d。

$$\gamma_d = \varepsilon_d (1+\mu) \tag{3-3}$$

$$\tau_d = \frac{\sigma_d}{2} \tag{3-4}$$

式中：ε_d为轴向动应变幅值；σ_d为轴向动应力幅值；μ为动泊松比。

(2) 列车荷载下，动剪切模量与阻尼比的确定方法如图3-6(a)所示。振动荷载每循环一次形成一个滞回圈（图3-6），绘制动剪应力τ_d与动剪应变γ_d滞回曲线，并将滞回圈的平均斜率定义为动剪切模量G_d。

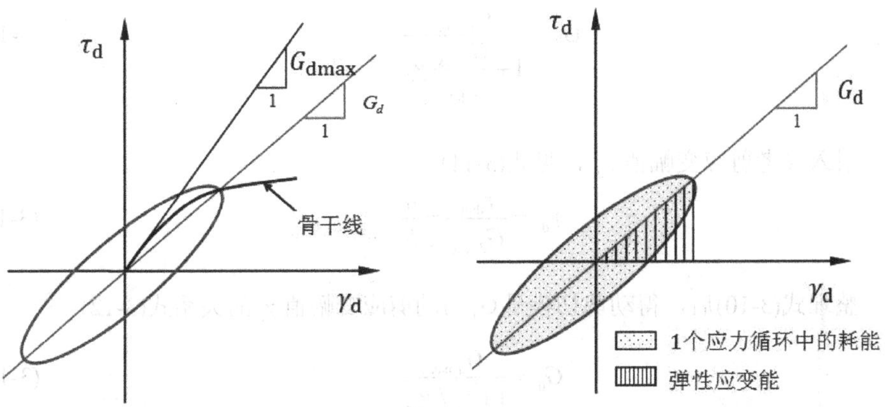

(a) 应用滞回圈确定动剪切模量　　(b) 应用滞回圈确定阻尼比

图 3-6 确定动剪切模量和阻尼比

$$G_d = \frac{\tau_d}{\gamma_d} \tag{3-5}$$

(3) 应用 Hardin 和 Drnevich[185]所给出的双曲线描绘应力-应变关系。

$$\tau_d = \frac{\gamma_d}{a + b\gamma_d} \tag{3-6}$$

联立式(3-5)和式(3-6)可得式(3-7)。

$$G_d = \frac{\tau_d}{\gamma_d} = \frac{1}{a + b\gamma_d} \tag{3-7}$$

式中：a 和 b 为土的试验参数（$a>0$，$b>0$）。由图可见，$\frac{1}{a}$为土的骨干曲线在原点的斜率，记为

$$G_{d\max} = \frac{1}{a} \tag{3-8}$$

$\frac{1}{b}$为土的骨干曲线的水平渐近线在纵轴上的截距，记为

$$\tau_{dult} = \frac{1}{b} \tag{3-9}$$

式中：$G_{d\max}$ 为最大动剪切模量；τ_{dult} 为最终剪应力幅值。

(4) 将式(3-8)和式(3-9)代入式(3-7)，得

$$G_{\mathrm{d}}=\frac{G_{\mathrm{d\,max}}}{1+\dfrac{G_{\mathrm{d\,max}}}{\tau_{\mathrm{dult}}}\gamma_{\mathrm{d}}} \tag{3-10}$$

引入参考剪应变幅值γ_{dr}，见式(3-11)。

$$\gamma_{\mathrm{dr}}=\frac{\tau_{\mathrm{dult}}}{G_{\mathrm{d\,max}}}=\frac{a}{b} \tag{3-11}$$

整理式(3-10)后，得动剪切模量G_d与动剪应变幅值γ_{d}的关系式(3-12)。

$$G_{\mathrm{d}}=\frac{G_{\mathrm{d\,max}}}{1+\gamma_{\mathrm{d}}/\gamma_{\mathrm{dr}}} \tag{3-12}$$

(5) 阻尼比λ采用式(3-13)计算[20]。

$$\lambda=\frac{S}{4\pi S_{\Delta}} \tag{3-13}$$

式中：S为图 3-6 中滞回圈所围成的椭圆面积；S_{Δ}为弹性应变能，即图 3-6(b)为阴影部分三角形的面积。

也可采用 Hardin 等[185-186]提出的简化计算方法，采用式(3-14)表示阻尼比。由试验数据整理初常数α，α为图 3-6(b)中的阴影部分面积与三角形面积之比。

$$\lambda=\frac{2\alpha}{\pi}\left(1-\frac{G_{\mathrm{d}}}{G_{\max}}\right)=\lambda_{\max}\left(1-\frac{G_{\mathrm{d}}}{G_{\max}}\right)=\lambda_{\max}\left(\frac{\gamma_{\mathrm{d}}/\gamma_{\mathrm{dr}}}{1+\gamma_{\mathrm{d}}/\gamma_{\mathrm{dr}}}\right) \tag{3-14}$$

式中：$\lambda_{\max}$为最大阻尼比。

上式是针对地震荷载提出的，在地震动力反应分析中广泛运用。本次试验目的在于研究轨道交通荷载作用下的冻土动力学参数，应用式(3-15)拟合阻尼比与动剪应变幅之间关系与实测结果更相符[20]。

$$\lambda=\lambda_{\max}\left(1-\frac{G_{\mathrm{d}}}{G_{\max}}\right)^{n}=\lambda_{\max}\left(\frac{\gamma_{\mathrm{d}}/\gamma_{\mathrm{dr}}}{1+\gamma_{\mathrm{d}}/\gamma_{\mathrm{dr}}}\right)^{n} \tag{3-15}$$

式中：n为试验拟合参数。

3.2 冻土动力学参数试验研究

室内低温动三轴试验研究表明，在土性一定条件下，温度、围压、含水率、荷载频率等均为影响土动力性能的重要因素。本书针对典型深季节冻土区铁路路基粉质黏土受季节性冻融与列车荷载的共同作用，并考虑列车行驶速度、车型和载重量不同，分别针对温度、冻融循环作用、荷载频率和荷载幅值等因素对动模量和阻尼比进行详细研究。

本次土动力学参数试验控制条件及拟合参数见表 3-1，共 15 个土样，测定 5 种不同温度、3 种不同频率和 4 种不同冻融循环次数的冻土动力学参数。考虑到季节冻土区铁路路基土受季节影响的温度变化特征，在春融期同时存在冻结土层与融土层，且此时融土层温度较低，试验融土试样采用+1℃。具体：①试样在频率 4Hz、围压 0.3MPa、含水率 16.8%条件下，测试在五种不同温度（+1℃、−2℃、−4℃、−6℃、−8℃）条件下的动力学参数；②试样在围压 0.3MPa、含水率 16.8%、温度为+1℃、−2℃、−6℃条件下，分别测试三种不同频率（2Hz、4Hz、6Hz）的动力学参数；③试样在频率 4Hz、含水量 16.8%、冻融温度为−20℃至室温+20℃条件下，测试在 4 种不冻融循环次数（0 次、1 次、3 次、5 次）条件下的动力学参数。加载分级标准见表 3-2。依据 3.2 小节中所提方法对试验数据进行处理，土动剪切模量和阻尼分别分析如下。

表 3-1 冻土动剪切模量试验控制条件与拟合参数

试件编号	负温 θ/℃	频率 f/Hz	冻融循环次数 次	围压 σ_3/MPa	含水量 W/%	振次 N	拟合参数 a/MPa^{-1}	拟合参数 b/MPa^{-1}	相关系数 R
hfn-26	+1						0.003268	1.437397	0.976502
hfn-08	−2						0.001642	0.18111	0.999478
hfn-30	−4	4	0	0.3	16.9	12	0.001175	0.131054	0.999439
hfn-28	−6						0.000828	0.141064	0.999289
hfn-33	−8						0.00074	0.103755	0.999136
hfn-23	+1	2	0	0.3	16.9	12	0.003298	1.386401	0.979252
hfn-25		6					0.0058	0.4445	0.9980
hfn-12	−2	2	0	0.3	16.9	12	0.001708	0.212065	0.999387
hfn-16		6					0.001685	0.109756	0.999151
hfn-36	−6	2	0	0.3	16.9	12	0.000974	0.146242	0.998173
hfn-40		6					0.00078	0.168909	0.994016
hfn-50	+20	4	0	0.3	16.9	12	0.005145	0.493095	0.988898
hfn-51			1				0.007455	0.198354	0.996114
hfn-52			3				0.003954	1.12198	0.998043
hfn-53			5				0.004107	1.127631	0.997472

表 3-2 冻土动力学参数试验动荷载分级标准($\sigma_3 = 0.3$MPa)

加荷级数	1	2	3	4	5	6	7	8	9	…
$\sigma_{1\min}$ / MPa	0.367	0.367	0.367	0.367	0.367	0.367	0.367	0.367	0.367	…
$\sigma_{1\max}$ / MPa	0.500	0.633	0.766	0.899	1.032	1.165	1.298	1.431	1.546	…
σ_d / MPa	0.133	0.266	0.399	0.532	0.655	0.798	0.931	1.064	1.197	…

注：σ_d 为轴向循环动应力幅值；$\sigma_{1\min}$ 为轴向循环动应力最小值；$\sigma_{1\max}$ 为轴向循环动应力最大值。

3.2.1 动剪切模量

应用 MATLAB 软件编写程序对试验所得数据进行处理，拟合不同工况下冻土的骨干曲线，动剪切模量倒数与动剪应变幅值的关系，以及各因素对最大动剪切模量和最终剪应力幅值影响曲线，获得拟合试验参数 a 和 b 见表 3-1。分析在不同影响因素下的试验结果如图 3-7~图 3-18 所示。由图可见，冻土的模量比 α_G 随动剪应变幅值的增加而减小，与非冻土具有相同的变化规律[20]。本书中冻土的动剪应力 τ_d 与动剪应变 γ_d 关系符合双曲线模型。以下基于试验结果分别详细讨论各因素影响情。

3.2.1.1 温度

当围压为 0.3MPa、初始含水量为 16.8%、加载频率为 4Hz 时，5 种不同温度土试样(包括冻土与融土)的骨干曲线如图 3-7 所示。由图可见，冻土的动剪切应力-应变关系受温度影响显著，对于同一动剪应变幅值，负温越高对应动剪应力幅值越小，即随负温降低，骨干曲线变陡峭；与冻土骨干线相比，融土（+1℃）骨干曲线最平缓，可见，融土和高温冻土（−2℃）动强度低、抗动力作用的性能差，温度越低冻土强度越高。

进一步将图 3-7 转换为 G_d 曲线，如图 3-8 所示，可见土试件动剪切模量倒数与动剪应变幅值具有明显的线性关系，因此，用 Hardin 和 Drnevich（1972）[185] 所给出的双曲线能很好地描绘本次试验中哈尔滨-满洲里粉质黏土应力-应变关系。对应图 3-8 中，a 为直线截距，b 为斜率(a、b 为土的试验参数)。可见负温越低对应试验参数 a 和 b 越小，对于融土 b 值明显增加。+1℃时，动剪切模量倒数随动应变幅值线性增大，−2~−8℃斜率小增大不明显。动剪切模量倒数 $1/G_d$ 与动剪应变幅值 γ_d 拟合直线在纵上的截距（即试验参数 a）值随负温升高明显下降。对于融土拟合直线斜率（即试验参数 b）明显大于冻土拟合直线斜率。

由图 3-9 可见，冻土的 $G_{d\max}$ 和 γ_{dr} 均随负温升高而降低，融土 $G_{d\max}$ 和 τ_{dult} 最低。冻土因含冰而使动剪切模量和骨干曲线受负温影响大，动剪切模量和骨干曲线均随负温降低而变陡峭，融土动剪切模量和骨干曲线最平缓，说明与低温冻土相比，融土动强度低、抗动力作用的性能最差，高温冻土（−2℃）次之。这是由于在含水量相同时，随着负温逐渐降低，试件内越来越多的自由水结晶为冰晶，使得土颗粒与冰晶之间的黏结力增强，使冻土的动剪切模量增加，抗变形能力增强。

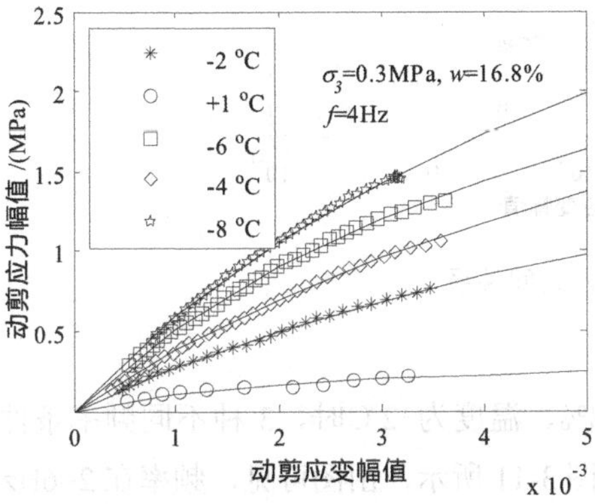

图 3-7 不同温度条件下的骨干曲线

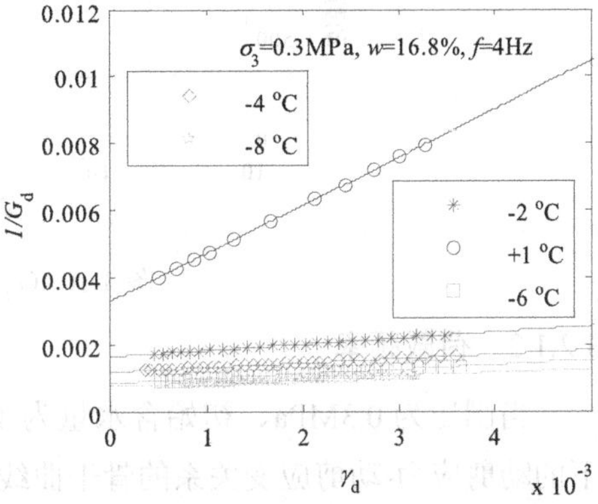

图 3-8 不同温度下动剪切模量倒数与动剪应变幅值的关系

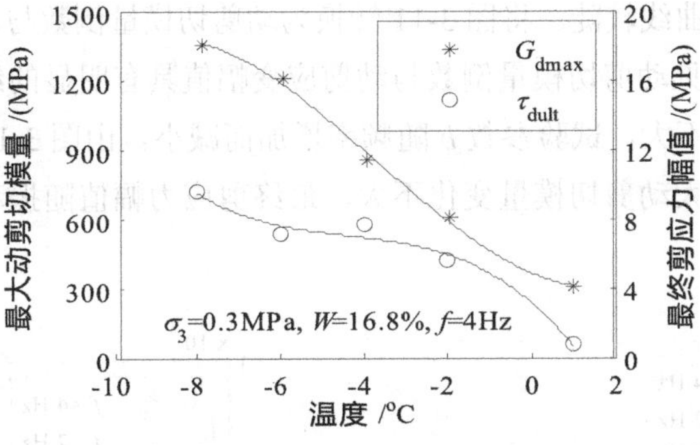

图 3-9 G_{dmax} 和 τ_{dult} 与温度的关系

当围压为 0.3MPa、初始含水量为 16.8%、加载频率为 4Hz 时，5 种不同温度条件下土试样(包括冻土与融土)的动剪切模量与动剪应变幅值与负温的关系曲线如图 3-10 所示。由图可见，随温度的降低，同一动剪应变幅值对应的动剪切模量增大，与冻土相比，融土（+1℃）抗变形能力较弱，动剪切模量值低。

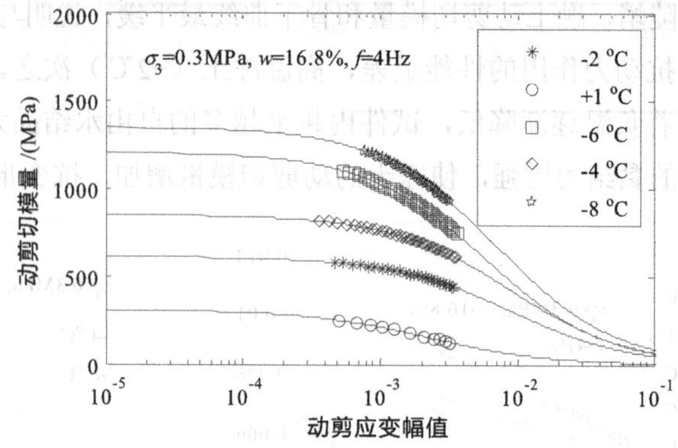

图 3-10 G_d 与 γ_d 之间关系

3.2.1.2 荷载频率

当围压为 0.3MPa、初始含水量为 16.8%、温度为-2℃时，3 种不同频率条件下的动剪应力-动剪应变关系的骨干曲线如图 3-11 所示，由图可见，频率在 2~6Hz 之间变化时对冻土的动应力-动应变关系影响不显著，随振动频率的增加冻土的强度有所增加，这是由于在高振动频率下冻土中的冰晶以及冰-土颗粒胶结体对轴向动荷载反应不敏感，所以相同动剪应变条件下，高振动频率作用下的冻土动应力相对较高，骨干曲线较陡。将图 3-11 转换为动剪切模量倒数与动剪应变幅值的关系曲线 3-12，可见动剪切模量倒数与动剪应变幅值具有明显的线性关系，试验参数 a 随频率变化不大，试验参数 b 随频率增加而减小。由图 3-13 可见，随着荷载频率的增加，最大动剪切模量变化不大，最终剪应力幅值随振动荷载频率增加而增加。

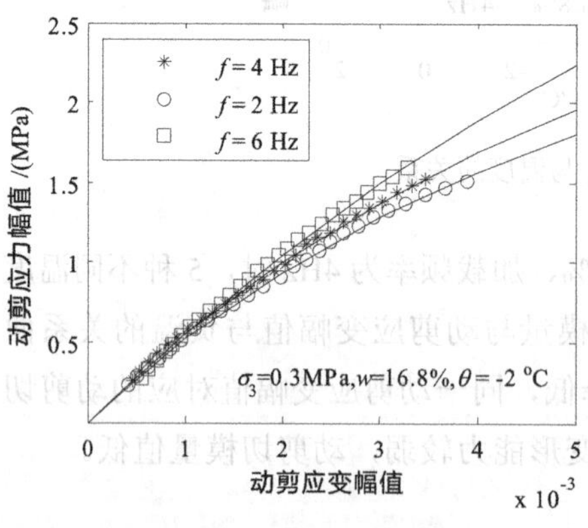

图 3-11 冻土的骨干曲线

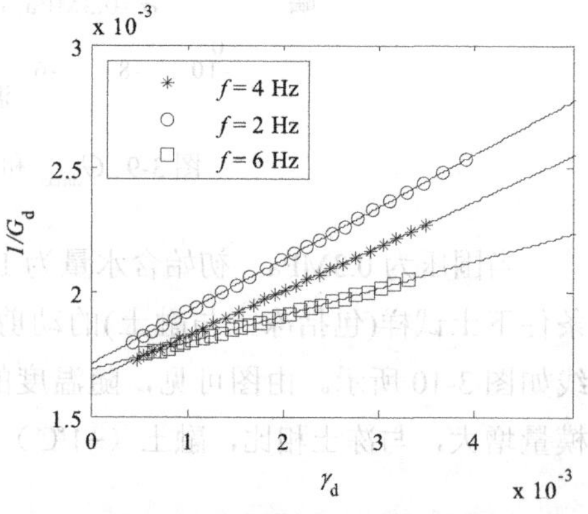

图 3-12 动剪切模量倒数与动剪应变幅值关系

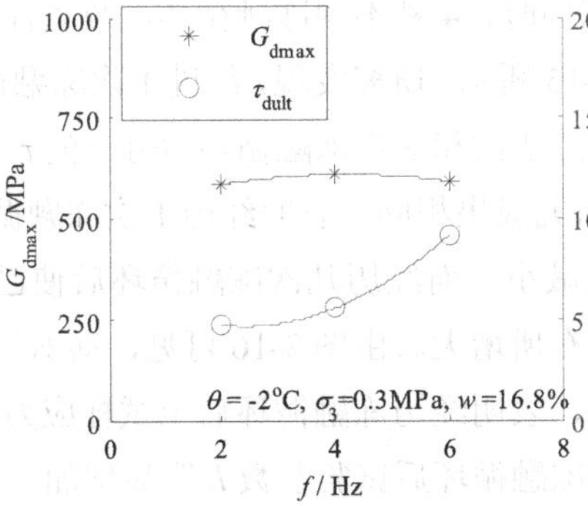

图 3-13 G_{dmax}、γ_{dr} 与 f 之间关系

不同荷载频率下动剪切模量与动剪应变幅值之间的关系曲线如图 3-14 所示。由图可见，不同振动荷载频率下冻土动剪切模量均随动剪应变幅值增加而降低。当动剪应变幅值较小时（小于 10^{-3}），不同频率对应的冻土动剪切模量相差不大；当动剪应变幅值大于 10^{-3} 时，随荷载频率增大动剪切模量亦增大。这是由于荷载频率直接反映荷载振动速度快慢，当振动荷载频率较低时，土颗粒与土中冰晶等有相对较长时间发生土颗粒重新排列和塑性流动，因而对应同样幅值荷载，冻土变形较大。相反，当振动荷载频率较高时，土颗粒与土中冰晶等仅有较短时间发生颗粒重新排列和塑性流动，荷载振动频率较高时冻土变形较小，动剪切模量增大。

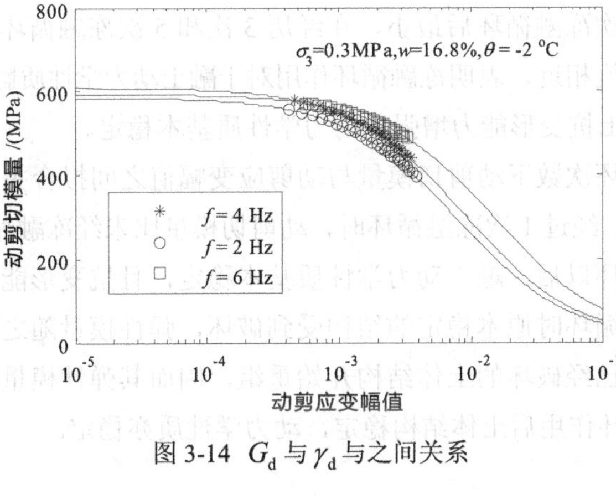

图 3-14 G_d 与 γ_d 与之间关系

3.2.1.3 冻融循环次数

当θ、W、f、σ_3相同时，4 种不同冻融循环次数条件下的动剪应力-动剪应变关系的骨干曲线如图 3-15 所示。研究发现，经过 1 次冻融循环后，融土的$\tau_d-\gamma_d$关系曲线变得平缓，而经过 3 次和 5 次冻融循环后融土的$\tau_d-\gamma_d$关系曲线变陡峭。此研究结果与文献[187]中研究成果相同，表明经历 1 次冻融循环时原本稳定的结构受到破坏，弹性模量随之减小，而经历几次冻融循环后使已经破坏的土体结构开始重组，因而其弹性模量有所增大。由图 3-16 可见，动剪切模量倒数与动剪应变幅值具有明显的线性关系，表明经历冻融循环后土试样应力-应变关系符合双曲线模型，且经历 3 次和 5 次冻融循环后试验参数 b 明显增加。

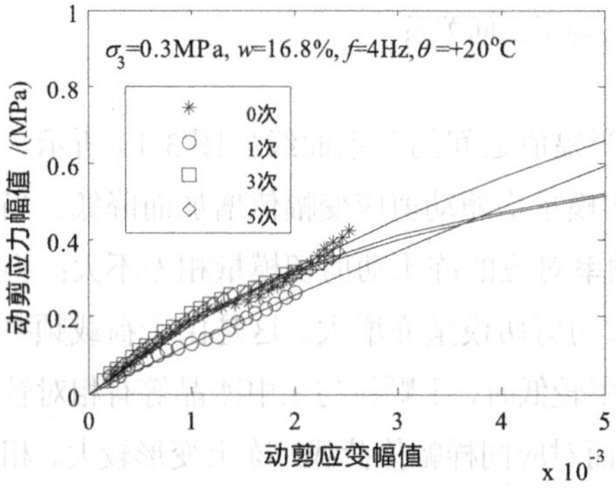

图 3-15 土的骨干曲线

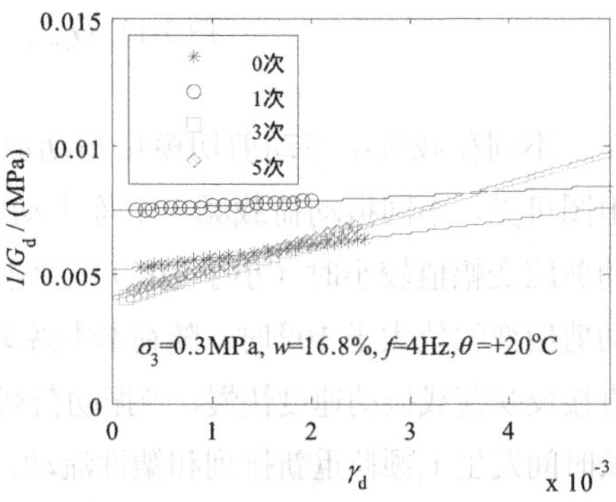

图 3-16 土的动剪切模量倒数与动剪应变幅值的关系

图 3-17 所示为最大动剪切模量与冻融循环次数的关系，由图可见，最大动剪切模量在经历 1 次冻融循环后最小，在经历 3 次和 5 次冻融循环后最大动剪切模量明显增加且两值相近，表明冻融循环作用对于融土动力学性质影响明显，冻融循环 3 次以后，融土抗变形能力增强且动力学性质基本稳定。

不同冻融循环次数下动剪切模量与动剪应变幅值之间拟合关系曲线如图 3-18 所示。由图可见，经过 1 次冻融循环时，动剪切模量比未经冻融循环小；而经过 3 次和 5 次冻融循环以后，融土动力学性质基本稳定，且抗变形能力增强。这是由于经历 1 次冻融循环时原本稳定的结构受到破坏，弹性模量随之减小，而经历几次冻融循环后使已经破坏的土体结构开始重组，因而其弹性模量有所增大，且经历几次以上融循环作用后土体结构稳定，动力学性质亦稳定。

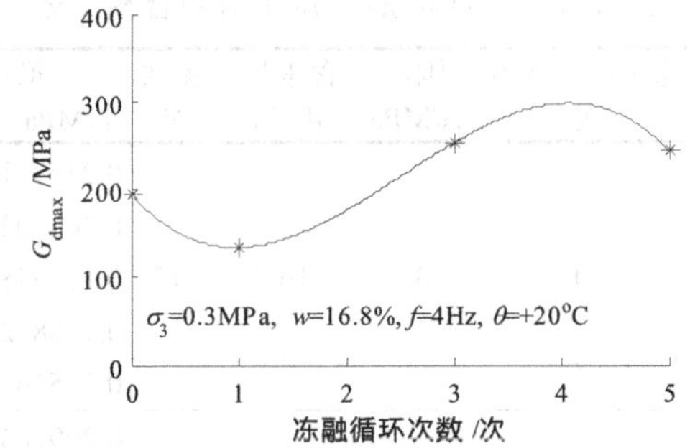

图 3-17 最大动剪切模量与冻融循环次数的关系

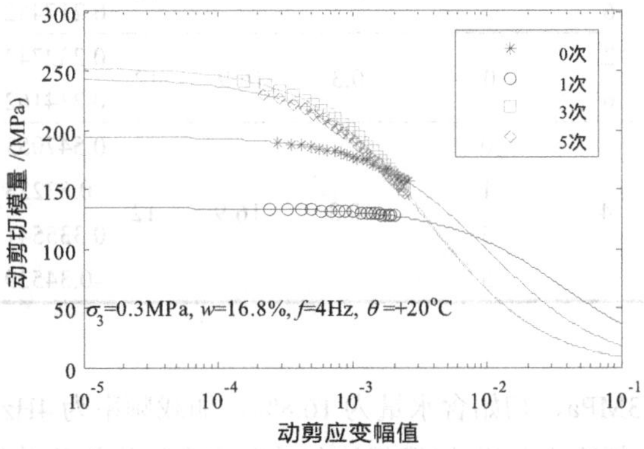

图 3-18 G_d 与 γ_d 之间关系

3.2.2 阻尼比

由等效线性化模型公式可见，土的阻尼比是动剪应变幅值的函数。根据式(3-13)、式(3-15)以及图 3-6，应用 MATLAB 编程对试验数据进行回归分析，由试验所得数据计算不同动剪应变幅值对应的土阻尼比，获得不同温度、振动荷载频率和冻融循环次数下土的阻尼比与动剪应变幅值之间的关系曲线，得到拟合参数 λ_{max} 和 n，见表 3-3。

不同影响因素下的拟合曲线如图 3-19~图 3-24 所示。由图可见，与动剪切模量一致，阻尼比受负温、频率、围压、含水率等因素共同影响，阻尼比随动剪应变幅值的增大而显著增大，且动剪应变幅值越大，阻尼比增大越显著，这是由于动剪应变越大，冻土的黏滞阻尼耗能越多，因而阻尼比越大。针对各影响因素详细分析叙述如下。

表 3-3 动三轴试验条件与阻尼比拟合参数表

试件编号	负温 θ/℃	频率 f/Hz	冻融循环次数 次	围压 σ_3/MPa	含水量 W/%	振次 N	拟合参数 a/MPa^{-1}	拟合参数 b/MPa^{-1}	相关系数 R
hfn-26	+1						0.287761	0.887016	0.983044
hfn-08	−2						0.205302	0.288381	0.945977
hfn-30	−4	4	0	0.3	16.9	12	0.191648	0.366399	0.961044
hfn-28	−6						0.198812	0.304236	0.972869
hfn-33	−8						0.215147	0.483042	0.977259
hfn-23	+1	2	0	0.3	16.9	12	0.299763	0.859018	0.9705447
hfn-25		6					0.277391	0.891735	0.985277
hfn-12	−2	2	0	0.3	16.9	12	0.218797	0.365191	0.92872
hfn-16		6					0.217482	0.244218	0.961348
hfn-36	−6	2	0	0.3	16.9	12	0.232742	0.50578	0.9589
hfn-40		6					0.234162	0.599807	0.939294
hfn-50	+20	4	0	0.3	16.9	12	0.547053	0.760782	0.968074
hfn-51			1				0.53223	0.414082	0.968261
hfn-52			3				0.335541	0.951489	0.930186
hfn-53			5				0.34529	0.992248	0.923007

3.2.2.1 温度

当围压为 0.3MPa、初始含水量为 16.8%、加载频率为 4Hz 时，5 种不同温度条件下土试样(包括冻土与融土)阻尼比与动剪应变幅值的关系曲线如图 3-19 所示。由图可见，阻尼比随动剪应变幅值的增大而显著增大。对于冻土，随负温的降低，冻土阻尼比显著降低，这是由于随温度降低，冻土中未冻水逐渐冻结成冰晶，土颗粒之间的咬合力增强，试件刚度增大，荷载作用下冻土的耗能降低。而对于+1℃融土，在动剪应变幅值小于 10^{-3} 时，阻尼比较小，当动剪应变幅值超过该量级时，融土阻尼比大于冻土。冻土最大阻尼比和参数 n 与负温的关系曲线如图 3-20 所示，随着温度升高，试件的最大阻尼比略有增加；对于冻土，模型拟合参数 n 在 0.2~0.6 之间，且随负温升高而降低，而对于+1℃融土，n 明显大于冻土，达到 0.887。

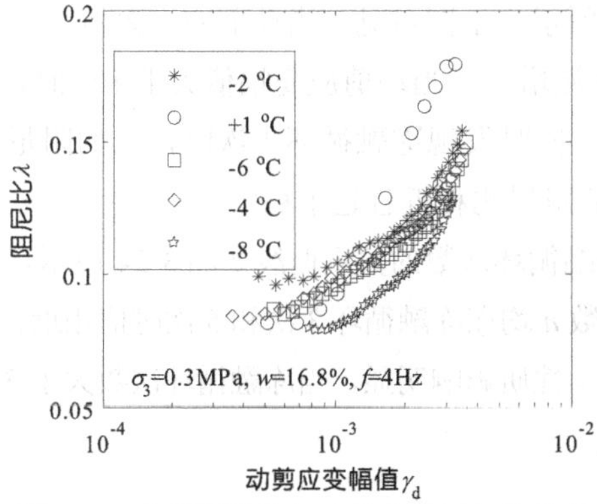

图 3-19 土的阻尼比与动剪应变幅值的关系

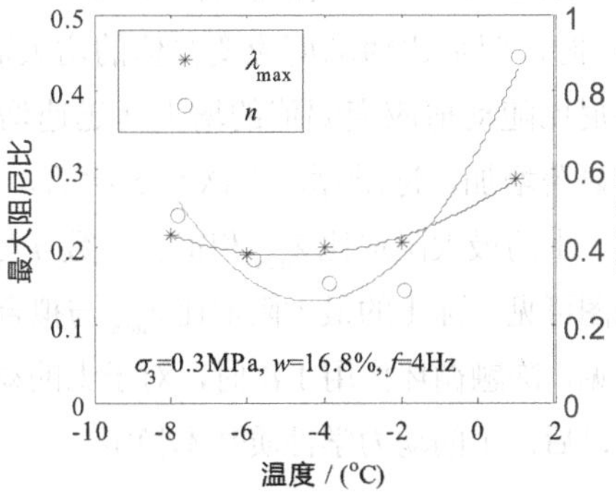

图 3-20 土的最大阻尼比和拟合参数 n 与温度的关系

3.2.2.2 荷载频率

当负温为-2℃、围压为 0.3MPa、初始含水量为 16.8%时，不同荷载频率下冻土与融土阻尼比随动剪应变幅值的增加而增加，如图 3-21 所示。当动剪应变幅值较小时，荷载频率对阻尼比影响明显，荷载频率越大对应阻尼比越大，当动剪应变幅值较大时，不同荷载频率对应阻尼比值相近。

图 3-22 所示为对试验数据进行回归分析获得的最大阻尼比 λ_{max} 和拟合参数 n 与载荷频率之间的关系。可以看出，随着荷载频率的增加，冻土的最大阻尼比变化不大，在 0.2~0.3 之间；拟合参数 n 随荷载频率增加而略减少，在 0.2~0.4 之间。

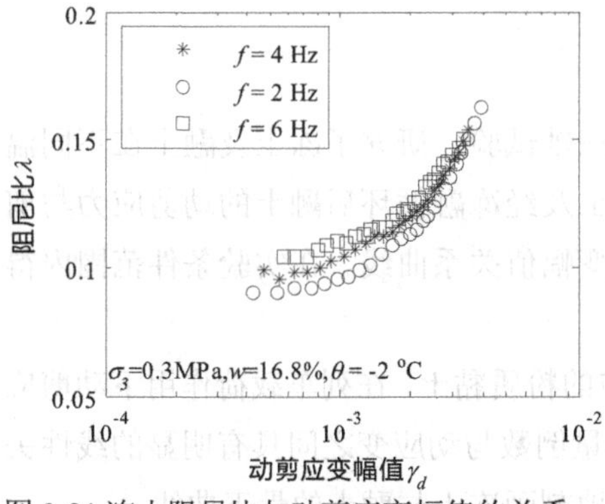

图 3-21 冻土阻尼比与动剪应变幅值的关系

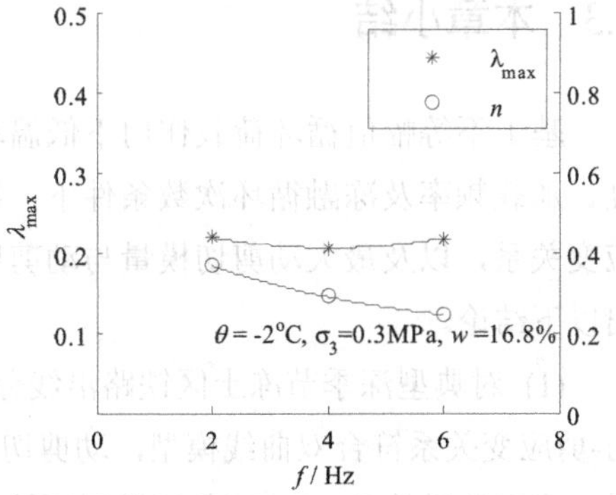

图 3-22 冻土最大阻尼比和拟合参数与荷载频率的关系

3.2.2.3 冻融循环次数

当负温为-2℃、围压为 0.3MPa、初始含水量为 16.8%时，不同冻融循环次数下冻土阻尼比与剪应变幅值的关系如图 3-23 所示。由图可见，当动剪应变幅值小于 10^{-3} 时，阻尼比随动剪应变幅值的增大而缓慢增加；当动剪应变幅值大于 10^{-3} 时，阻尼比随动剪应变幅值的增大而迅速增加。同时发现冻融循环 1 次时，土的阻尼比显著增加，冻融循环 3 次和 5 次后，土的阻尼比相近且趋于稳定。

土的最大阻尼比 λ_{max} 和拟合参数 n 与冻融循环次数的关系曲线如图 3-24 所示。由图可见，冻土的最大阻尼比 λ_{max} 与拟合参数 n 均在冻融循环 3 次和 5 次时值相近，可见，冻融循环作用 1 次时，对于土的动力学性质影响明显，当冻融循环次数大于 3 次以后，土的动力学性质基本稳定。

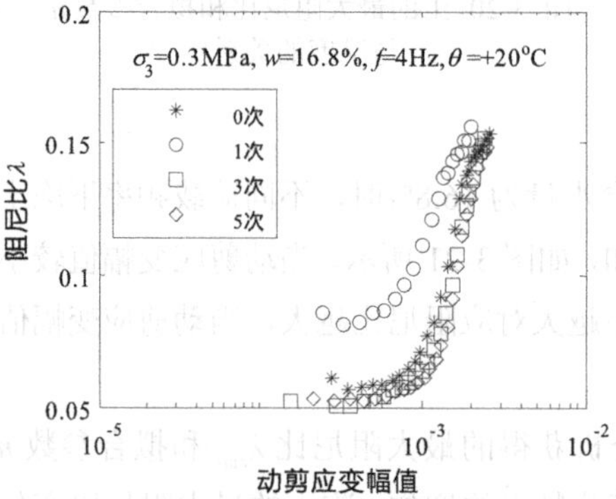

图 3-23 冻土阻尼比与动剪应变幅值的关系

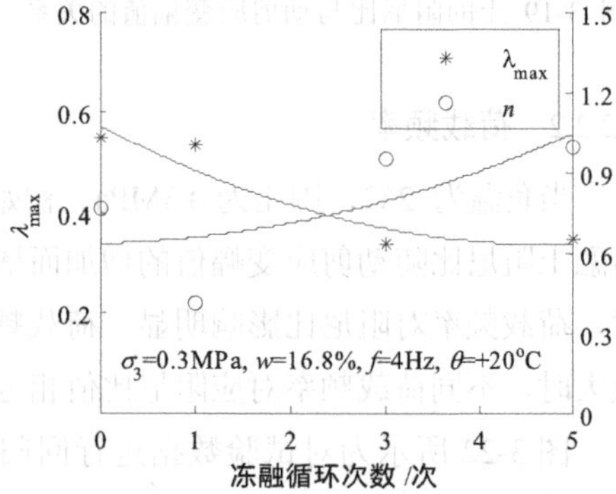

图 3-24 冻土最大阻尼比和拟合参数 n 与冻融循环次数的关系

3.3 本章小结

基于不等幅值循环荷载作用下低温动三轴试验，研究了冻土及融土在不同温度、加载频率及冻融循环次数条件下，冻土及经冻融循环后融土的动剪应力与剪应变关系，以及最大动剪切模量与动剪应变幅值关系曲线。在实验条件范围内得出以下结论。

(1) 对典型深季节冻土区铁路沿线分布的粉质黏土，在列车载荷作用下动剪应力-剪应变关系符合双曲线模型，动剪切模量倒数与动应变之间具有明显的线性关系，应用改进的 Hardin 双曲线模型可较好地刻画冻土与融土的骨干曲线。

(2) 冻土、融土动剪应力-剪应变关系受温度、加载频率、冻融循环次数等众多因素的联合影响。随负温降低、加载频率增加动应力-应变骨干曲线变陡峭，抗动力作用的性能越强，土的最大阻尼比略有增加；+1℃融土骨干曲线最平缓，在动剪应变幅值小于 10^{-3} 时，阻尼比较小，当动剪应变幅值超过该量级时，融土阻尼比大于冻土。

(3) 冻融循环对于土动力学参数影响明显。经过 1 次冻融循环后，常温融土的动剪应力与剪应变关系曲线变得平缓，冻融循环 3 次和 5 次后土试样的动剪切模量和阻尼比等动力学参数基本稳定，且抗变形能力增强。

第 4 章 深季节冻土区铁路路基温度场模拟分析

季节冻土区铁路路基冻结状态及温度场分布是决定路基强度、稳定性、列车载荷下的动力响应等的关键因素。故此，加强冻土区温度场研究，对于冻土工程的建设与冻害防治等具有极其重要的理论和现实意义。冻土温度场研究已有近两百年的历史，已经从早期的定性描述发展到今天利用计算机进行数值模拟分析。期间经历了观测实验经验方程、简化的计算近似处理、均质一维、二维线性稳定问题和一维非稳定线性问题的解析计算，以及近期的数值模拟研究等发展过程。到了 20 世纪 90 年代末，随着现代计算机的发展、有限元数值计算方法的进一步应用，对冻土路基温度场的研究也在逐步深入。

本章参考前人研究基础，运用土壤冻结条件下水热耦合运移基本方程和数值方法，建立包括道床-路基-场地的铁路路基三维有限元温度场计算模型。根据大庆地区地表温度统计值及地温升高趋势，并考虑冰水相变作用，基于 ABAQUS 热传导模块，预测哈尔滨-满洲里铁路路基建立至今温度场分布，为研究深季节冻土区铁路路基内部冻融状态时空分布提供理论依据，并为进一步研究季节冻土区列车载荷下的路基动力特性奠定基础。

4.1 含相变温度场数学模型

深季节性冻融路基温度场显著特征是，路基温度场随季节更替而发生变化且伴有相变发生。其控制方程主要特点是：温度控制方程是非稳态导热方程，且两相界面随时间变化，针对深季节冻土区哈尔滨-满洲里铁路路基场地的实际情况，路基温度场计算模型做如下假定：

(1) 假定铁路路基和地基土各分层土层均为各向同性材料。

(2) 假定稳定路段的含水量较小且基本为定值，无其他边界的水分补给和排水作用。

(3) 忽略土体中盐分含量的影响，未考虑土体内水分因含盐而冻结温度降低情况。

(4) 考虑到铁路路基土体冻融循环过程中，热传导项远大于热对流项，因此，在温度场模型计算中忽略了空气与水汽对流、水分蒸发耗热、质量迁移等作用。

(5) 仅考虑土骨架和介质水的热传导作用以及冰水相变作用。

基于以上假设，本书建立含相变的深季节冻土区哈尔滨-满洲里铁路路基温度场分析模型及其控制微分方程。计算典型深季节冻土区铁路路基温度场分布，为研究深季节冻土区铁路路基内部冻融状态与温度时空分布提供理论依据，同时为进行深季节冻土铁路路基振动反应与永久沉降变形预测模型提供初始温度场条件。

4.1.1 瞬态导热相变温度场模型

冻土中由于含有土颗粒、未冻水、结晶冰和空气等成分，因此，经历反复冻融循环过程的路基内部热传导是一个相当复杂的过程。基于上述基本假设认为冻土中，当存在冰水相变时，冻土内部土骨架和水的热传导占热量交换的主要部分，同时相变作用对路基温度场的热效应具有一定影响。据此，建立深季节冻土区哈尔滨-满洲里铁路路基含相变瞬态温度场控制微分方程：

$$\rho C\frac{\partial T}{\partial t}=\nabla\cdot(\boldsymbol{\lambda}\cdot\nabla T)+\rho L\frac{\partial \theta_i}{\partial t} \tag{4-1}$$

式中：ρ为土体密度；T为土体温度；C和λ分别为土体比热与热传导系数；t为时间；L为相变潜热；θ_i为土体中冰含量；∇为（梯度）向量微分算子或 Nabla 算子。

对于非相变区：

$$\partial\theta_i/\partial t=0 \tag{4-2}$$

对于相变区：

$$\theta_i=W(T_{\mathrm{L}}-T)/(T_{\mathrm{L}}-T_{\mathrm{S}}) \tag{4-3}$$

式中：T_{L}、T_{S}分别为冻土中水的融化温度和冻结温度，℃。

如前假定，本模型中仅考虑第一类温度边界条件和第二类热流密度边界条件，如下所示。

第一类温度边界条件：

$$T=\bar{T}(\Gamma,t)\qquad（\Gamma\subset\Gamma_1） \tag{4-4}$$

第二类热流密度边界条件：

$$n\cdot(\lambda\nabla T)=q(\Gamma,t)\qquad（\Gamma\subset\Gamma_2） \tag{4-5}$$

式中：n为边界的外法线方向余弦向量；q为热流密度；Γ_1、Γ_2和Γ_3参考相关资料在此不再赘述。

根据土的冻融状态，其定压比热和热传导系数可表示为式（4-6）和式（4-7）：

$$C=\begin{cases}C_{\mathrm{f}} & T\leqslant T_{\mathrm{f}}\\ C_{\mathrm{f}}+\dfrac{C_{\mathrm{u}}-C_{\mathrm{f}}}{\Delta T}(T-T_{\mathrm{f}}) & T_{\mathrm{f}}<T<T_{\mathrm{u}}\\ C_{\mathrm{u}} & T\geqslant T_{\mathrm{u}}\end{cases} \tag{4-6}$$

$$\lambda=\begin{cases}\lambda_{\mathrm{f}} & T\leqslant T_{\mathrm{f}}\\ \lambda_{\mathrm{f}}+\dfrac{\lambda_{\mathrm{u}}-\lambda_{\mathrm{f}}}{\Delta T}(T-T_{\mathrm{f}}) & T_{\mathrm{f}}<T<T_{\mathrm{u}}\\ \lambda_{\mathrm{u}} & T\geqslant T_{\mathrm{u}}\end{cases} \tag{4-7}$$

4.1.2 方程离散

土是一种三相介质，其热学参数是空气、水、冰、土颗粒自身热学参数的一种综合反映，而冻土中负温的变化将引起水与冰含量的变化，因此式(4-1)中体积热容量、导热系数、冰的体积含量均为温度的函数，是一个非线性过程；同时两相界面的位置随温度变化而不断变化，由此可见，土体两相界面的能量守恒条件是非线性的。很明显，含相变的热分析是强非线性问题，无法获得数学上的解析解，因此采用数值方法计算获得数值解。

建立瞬态热传导方程和第一、二类边界条件的等效积分泛函形式，即：

$$\begin{aligned}I=&\int_{\Omega}w\left[\rho C\frac{\partial T}{\partial t}-\nabla\cdot(\lambda\cdot\nabla T)+\rho L\frac{\partial\theta_i}{\partial t}\right]\mathrm{d}\Omega+\int_{\Gamma_1}w_1(T-\bar{T})\mathrm{d}\Gamma+\\&\int_{\Gamma_2}\left[w_2 n\cdot(\lambda\nabla T)-q\right]\mathrm{d}\Gamma\end{aligned} \tag{4-8}$$

式中：ω、ω_1和ω_2分别表示任意的函数，可按伽辽金法选择。真实的温度使泛函I取极小值。

假设在Γ_1上已经满足边界条件$T=\bar{T}$，则ω_1取值为0，可令

$$\omega=\omega_2=\delta T \tag{4-9}$$

将上式代入式(4-8)，并进行分部积分可得到

$$\begin{aligned}I=&\int_{\Omega}\left[\delta T(\rho C\frac{\partial T}{\partial t})+\frac{\partial\delta T}{\partial x}(\lambda_x\frac{\partial T}{\partial x})+\frac{\partial\delta T}{\partial y}(\lambda_y\frac{\partial T}{\partial y})+\right.\\&\left.\frac{\partial\delta T}{\partial z}(\lambda_z\frac{\partial T}{\partial z})-\delta T\rho L\frac{\partial\theta_i}{\partial t}\right]\mathrm{d}\Omega+\int_{\Gamma_2}\delta Tq\mathrm{d}\Gamma\end{aligned} \tag{4-10}$$

利用上式即可以建立瞬态温度场有限元格式。具体方法为首先将空间离散为

单元体，即$\Omega \to \sum \Omega^e$，则每个单元体内的温度场均可通过插值由节点温度得到：

$$T^e\left(x,y,z,t\right)=\boldsymbol{N}\left(x,y,z\right)\cdot \boldsymbol{q}_T^e(t) \tag{4-11}$$

式中：$\boldsymbol{N}\left(x,y,z\right)$表示形函数矩阵；$\boldsymbol{q}_T^e(t)$表示单元节点温度向量。

将式(4-11)代入式(4-10)，并求变分极值$\delta I/\delta q_T^e=0$，即可获得用来确定节点温度的有限元方程：

$$\boldsymbol{C}\dot{\boldsymbol{\phi}}_T+\boldsymbol{K}\boldsymbol{\phi}_T=\boldsymbol{P} \tag{4-12}$$

式中：$\boldsymbol{C}$为热容矩阵；$\boldsymbol{K}$为热传导矩阵；$\boldsymbol{P}$表示等效温度荷载列阵；$\boldsymbol{\phi}_T$表示节点温度列阵；$\dot{\boldsymbol{\phi}}_T$为节点温度对时间导数列阵。$\boldsymbol{C}$、$\boldsymbol{K}$、$\boldsymbol{P}$矩阵由相应单元矩阵元素集合而成，即：

$$\boldsymbol{C}=\sum \boldsymbol{C}^e \tag{4-13}$$

$$\boldsymbol{K}=\sum \boldsymbol{K}^e \tag{4-14}$$

$$\boldsymbol{P}=\sum \boldsymbol{P}_Q^e+\sum \boldsymbol{P}_q^e \tag{4-15}$$

式中：$\boldsymbol{C}^e$为单元热容矩阵；$\boldsymbol{K}^e$表示单元热传导矩阵；$\boldsymbol{P}_Q^e$表示单元相变产生的温度荷载列阵；$\boldsymbol{P}_q^e$为单元给定热流边界的温度荷载列阵。这些单元矩阵可由下列各式给出：

$$\boldsymbol{K}^e=\int_{\Omega^e}\left[\lambda_x\left(\frac{\partial \boldsymbol{N}}{\partial x}\right)^{\mathrm{T}}\left(\frac{\partial \boldsymbol{N}}{\partial x}\right)+\lambda_y\left(\frac{\partial \boldsymbol{N}}{\partial y}\right)^{\mathrm{T}}\left(\frac{\partial \boldsymbol{N}}{\partial y}\right)+\lambda_z\left(\frac{\partial \boldsymbol{N}}{\partial z}\right)^{\mathrm{T}}\left(\frac{\partial \boldsymbol{N}}{\partial z}\right)\right]\mathrm{d}\Omega \tag{4-16}$$

$$\boldsymbol{C}^e=\int_{\Omega^e}\rho C\boldsymbol{N}^{\mathrm{T}}\boldsymbol{N}\mathrm{d}\Omega \tag{4-17}$$

$$\boldsymbol{P}_Q^e=\int_{\Omega^e}\rho L\frac{\partial \theta_i}{\partial t}\boldsymbol{N}\mathrm{d}\Omega \tag{4-18}$$

$$\boldsymbol{P}_q^e=\int_{\Gamma_2^e}q\boldsymbol{N}\mathrm{d}\Gamma \tag{4-19}$$

4.2 温度场模拟方法

4.2.1 场地选取

大庆位于我国典型东北深季节冻土区，每年 3 月中旬至 5 月中旬为春融期，10 月中旬至次年 3 月为冻结期，夏季最高气温达 37℃，冬季最低气温低于-35℃，最大冻深为 1.8~2m，属于我国深季节冻土区路基冻融病害多发区之一。由黑龙江省

16个国家气象站资料显示：1960—2000年逐日平均地温数据计算得到多年均值为5.8℃，40年来大庆平均地表温度总体呈现上升趋势，地温升高趋势不显著，升温幅度为0.006~0.023℃/年。

4.2.2 物理模型

本书监测断面位于安达市胜利村哈尔滨-满洲里铁路K124+118处，属正常双线行驶平直路段。场地地层结构通过现场剪切波速试验确定。路基断面形状、地层结构如图4-1所示，路基高度为3.0m，道床顶面宽度为12.55m，道床坡度为1:1.75，路基坡度为1:1.5，双线行驶，两线间距为5.05m。本书重点研究路基及场地表层（5m深度范围内）铁路路基振动响应，考虑到铁路路基温度场分析结果[109]，基表以下5m温度场变化范围很小，10m以下稳定在10℃~15℃，模型竖向深度取30m；水平方向取距离路堤坡角30m宽度；沿轨道方向长度根据三维路基振动模型确定为50m。

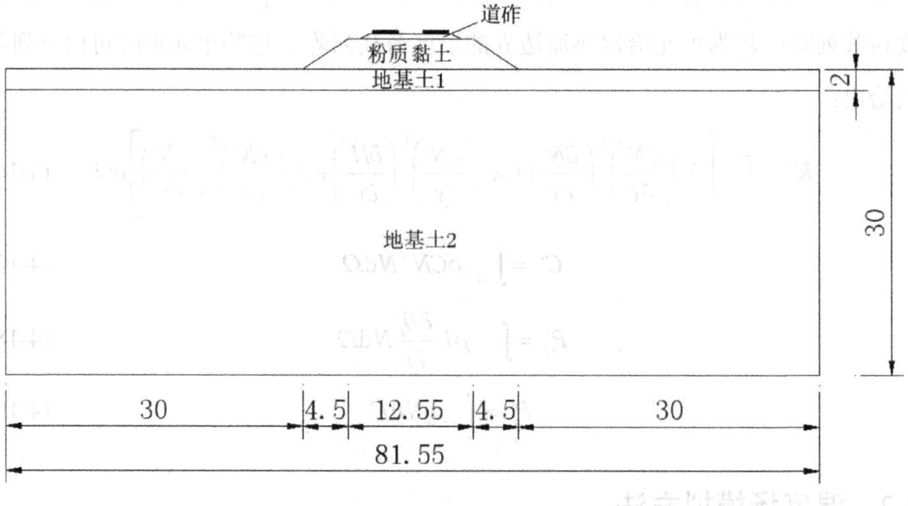

图4-1 哈尔滨-满洲里铁路路基断面图(单位：m)

4.2.3 计算模型

本书借助于ABAQUS有限元软件，应用Python语言编写程序实现了ABAQUS建立列车行驶条件下路基振动反应三维有限元模型，通过设置路堤高度（可分别设置道砟、基床表层、基床底层厚度）、路堤宽度、路堤坡度（可以设置非对称路堤）、场地宽度、场地深度、场地长度等几何参数、材料参数、最小单元尺寸，可自动进行网格划分（网格粗细由加载中心至场地边缘自动过渡两次），建立双线铁路路基有限元温度场计算模型，方便参数化分析各影响因素。

由于铁路路基温度场计算模型采用四周隔热边界，即在沿轨道方向与横向不存在热传导，因此，该三维路基温度场模型计算结果与采用路基横断面二维温度场模型计算结果相同。考虑到本书中温度场计算结果作为后续三维铁路路基振动模型初始场变量，温度场计算模型与路基振动模型网络划分需完全一致，因此，本书建立道床-路基-场地三维有限元温度场计算模型。该模型中道床、路基与场地均采用三维实体单元（8 节点六面体单元）进行离散，在竖向和水平向均采用单元尺寸过渡方法以降低单元总数量并保证轨道附近和路基表层计算精度，共 205570 个单元，如图 4-2 所示。

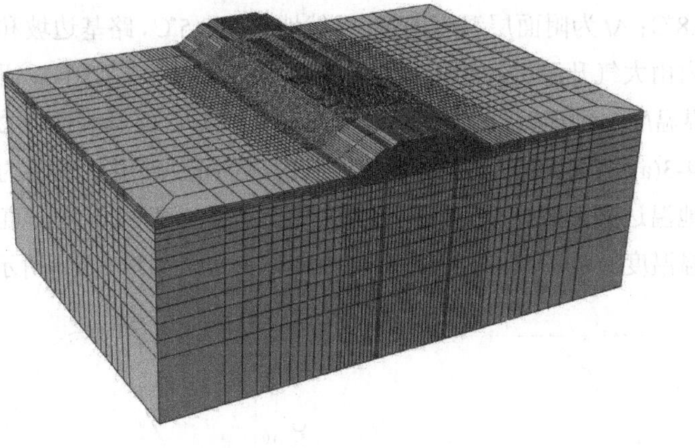

图 4-2 铁路路基温度场三维网格划分

4.2.4 热边界条件

4.2.4.1 初始条件

计算未修建铁路路基前温度场分布，通过在地基土层上边界施加年际变化温度[由式(4-5)得]。据相关文献，非多年冻土地区地基深处温度变化较环境温度变化较小，王铁行[111]等研究结果表明：路表下 10m 处地温基本恒定，约为 15℃。因此，本书对结构底部采用恒温边界条件，取 15℃。在上述条件下计算时间取 50 年以达到初始温度条件的相对稳定，以得到场地温度分布作为地温初始值，进行 1960—

2010 年铁路路基温度场的计算。

$$T_n = T_s + At\sin\left(\frac{2\pi}{365}t + \frac{\pi}{2} + \alpha_0\right) \tag{4-20}$$

4.2.4.2 热边界条件

根据大庆气温监测资料及附面层原理，本书中路基温度场计算区域的上边界温度条件可以表示为如下的三角函数形式：

$$T_n = T_s + \frac{\alpha t}{365} + At\sin\left(\frac{2\pi}{365}t + \frac{\pi}{2} + \alpha_0\right) \tag{4-21}$$

$$T_s = T_a + \Delta t \tag{4-22}$$

式中：t 为时间变量，当 $\alpha_0 = 0$ 时，t=0 对应的初始时间为 7 月 15 日，可通过调整 α_0 来改变 t=0 对应的初始时间；T_s 为下附面层底的年平均地温；T_a 为地表年平均地温，取 5.8℃；Δt 为附面层温度增量，天然地表取 0.5℃，路基边坡和顶面取 1.0℃；α为 50 年内由大气升温引起的年平均地表温度的增温率（℃/年），取 0.023℃/年；A 为上边界温度的物理振幅（℃），天然地表取 22℃，路基表面取 23℃。

由图 4-3(a)可见，哈尔滨地表温度存在明显的正弦变化，地温约在每年 1 月开始升温，地温达到最高值以后大约持续一个月左右才开始下降，直至当年年底达到最低地温温度。哈尔滨地表温度的年内变化拟合值如图 4-3(b)所示。

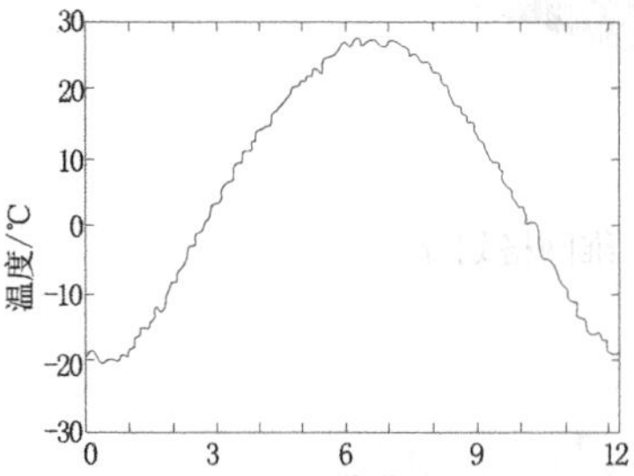

(a) 实测值

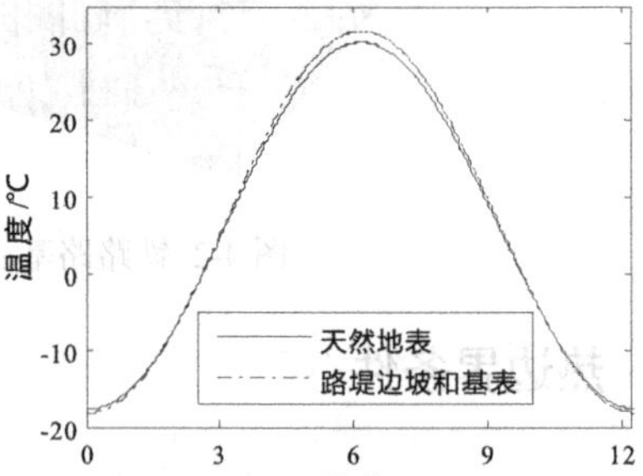

(b) 拟合值

图 4-3 大庆地表温度的年内变化

4.2.5 材料热力学参数

季节性冻融路基温度场显著特征是路基温度场随季节更替而发生变化且伴有

相变发生。考虑冻土路基中水的相变作用，求解季节冻土区路基温度场，需确定路基各土层导热系数λ、比热容C及相变潜热L。这些热参数与土质、密度和含水量等关系密切，一般情况下应实测，考虑到冻土土性参数空间异质性和时间可变性等，测试工作难度较大。本书所建模型各土层热学参数参考《冻土物理学》书中取值，同时考虑到原状冻土的压实不足和气体存在等因素的作用，参考相关文献对导热系数进行相应折减，具体各土层的物理热学参数见表 4-1。

表 4-1 铁路路基各土层物理热学参数

材料	ρ	λ_f	λ_u	C_f	C_u	L
	/(kg/m^3)	/(J/m/℃/d)		/(J/kg/℃)		/(J/kg)
填料	1900	154220	135860	892	1149	10740
粉质黏土	1920	132190	94000	1174	1473	37700
风化泥岩	2100	157900	132190	1026	1166	19850

注：角标f为已冻土；u为未冻土。

4.3 温度场模拟结果

应用本书所建立的深季节冻土区铁路路基温度场数值模型，预测哈尔滨-满洲里铁路 K124+118 处，自修建至今温度场分布。为分析季节冻土区铁路路基内部温度场时空分布规律，选取典型时期路基温度场进行分析。图 4-4(a)、(b)和(c)所示分别为 2010 年 1 月 15 日（冻结期）、5 月 15 日（春融期）和 10 月 15 日（正常期）路基模型中心断面温度场分布云图。由图 4-4 可见，受大气温度影响，在冻结期由路基表层向内单向冻结，由路基表层至冻结深度处为冻结层，达到冻结深度后沿深度方向温度逐渐升高，在路基表层下 10m 路基温度稳定在 10℃~15℃。在春融期，随着气温升高，路基表层开始融化，而在路基下一定深度范围内仍有冻土层存在，自路基表层沿深度方向温度逐渐降低，至冻结深度后温度开始逐渐升高且在路基表层下 10m 路基温度稳定在 10℃~15℃；随着路基表层温度逐渐升高，路基内部冻土全部融化后进入正常期，此即为一个年季冻融循环过程。

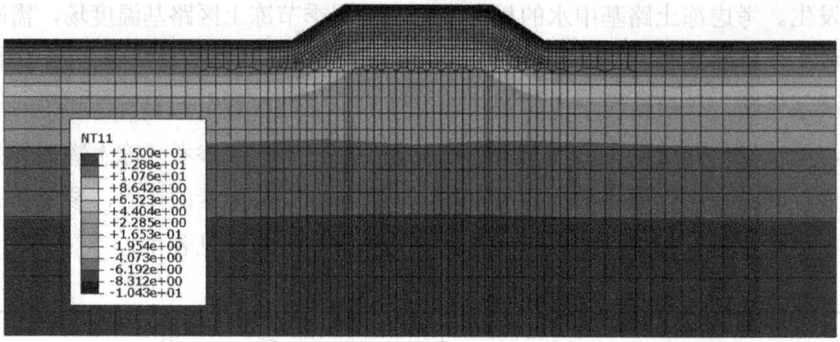

(a) 修建第 50 年 1 月 15 日 （冻结期）

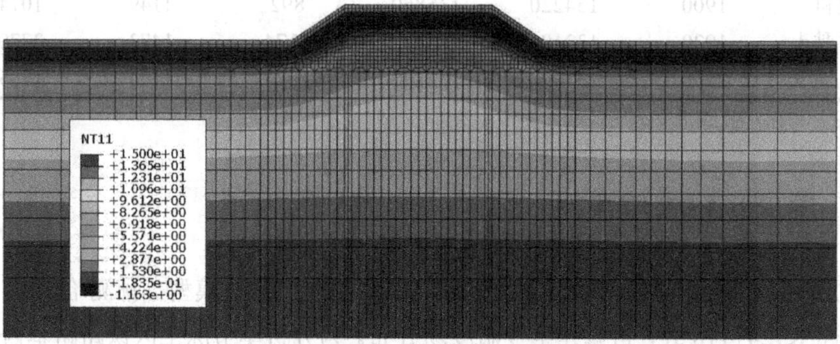

(b) 修建第 50 年 5 月 15 日 （春融期）

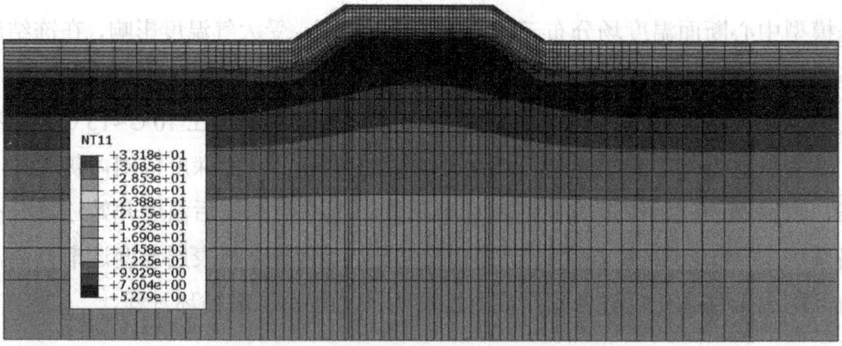

(c) 修建第 50 年 10 月 15 日 （正常期）

图 4-4 路基修建第 50 年不同季节的温度场的对比图（单位：℃）

图 4-5 所示为线路中心正下方的基床表层点、基床底层点和路堤底部点在 2 年内温度时程曲线。由图可见，基床表层点随四季交替变化而循环往复冻融，基

床底层点最低温度为 0℃，路堤底部点温度在正温范围内随四季交替变化。可见，当深度达到路基表面以下一定值后，路基土体无冻融循环现象，且随深度增加温度幅值变化减小。同时发现，在基床表层点达到最大值和最小值时，路基底部点均未达到最值，可见受路基各土层导热系数、比热容等热力学参数影响，温度传播具有明显的滞后性。

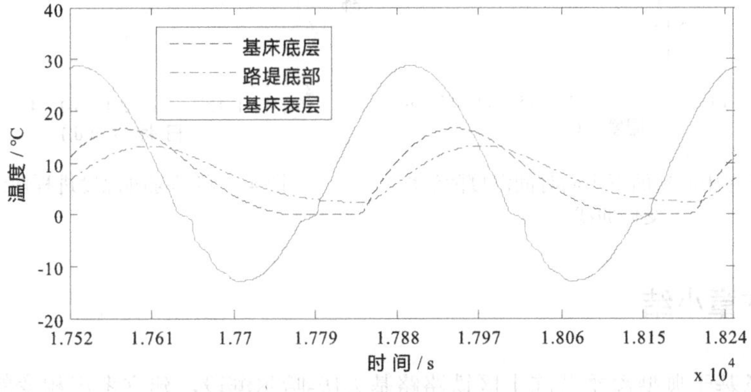

图 4-5 不同深度点温度时程曲线(2 年)

图 4-6 为线路中心断面在典型季节的温度变化曲线，由图可见，深季节冻土区哈尔滨-满洲里路基最大冻结深度约 2m，此计算结果与相关文献结果吻合，亦验正了计算模型的正确性。图中 1 月 11 日对应冻结期温度变化曲线，由地表向下温度逐渐降低，在距基表 5m 深度以下路基温度变化缓慢，且稳定在 10℃~15℃；4 月 21 日和 5 月 15 日对应春融期温度变化曲线，可见在路基表层以下存在冻结土层，在冻结锋面以下温度逐渐升高；7 月 15 和 10 月 15 日对应正常期，7 月份为年最高气温月份，且从 6 月份开始气温持续稳定升高，热量由路基表层向内传递，路基温度由表层向下逐渐降低，到 10 月份，气温开始下降，而由于温度传播的滞后性，路基内部温度高于表层，因此由表至内先升高后降低。

路基两线间正下方季节冻融深度曲线如图 4-7 所示，由图可见，从每年 10 月下旬开始，路基由表层向下单向开始冻结，至次年 1 月末至 2 月初当地表温度达到最底值时，路基内部由上至下冻结并未停止，直至次年 3 月末最大冻深达 2m 左右。在达到最大冻深后，路基内部冻结层开始融化，融化过程为由冻结层上下表面双向融化，且受温度差影响，上部融化速度明显大于下部，直至 5 月中下旬路基内部冻结层全部融化。

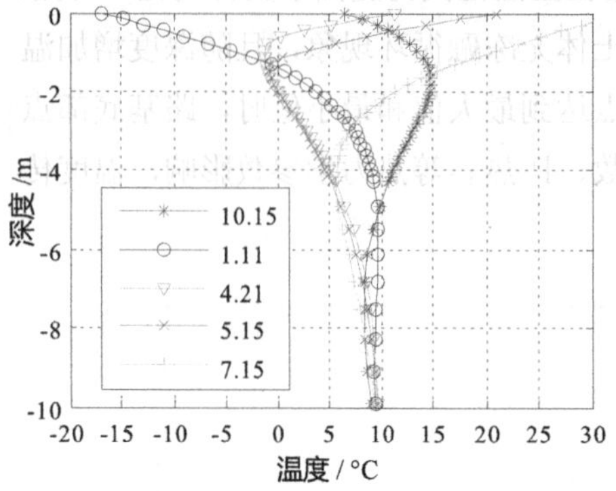

图 4-6 线路中心断面下不同时间温度随深度变化曲线

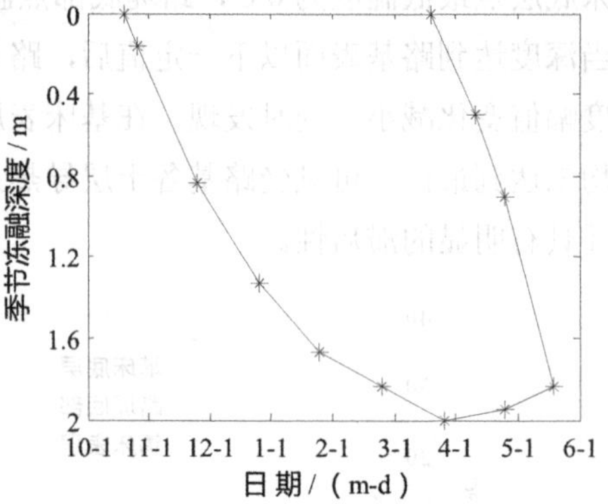

图 4-7 路基冻融深度进程曲线

4.4 本章小结

本章基于典型深季节冻土区铁路路基大庆-哈尔滨段，建立考虑相变的三维路基温度场计算模型并对其计算结果进行分析。根据大庆地区地表温度统计值且考虑到地温升高趋势，拟合路基表面温度作为边界条件，应用有限元方法，预测哈尔滨-满洲里路基建立至今温度场时空分布，得出以下结论。

(1) 深季节性冻融路基温度场显著特征是，路基温度场随季节更替而发生变化并伴有相变发生，且两相界面随时间变化，应用有限元方法可对深季节冻土区铁路路基温度场进行预测，计算结果与相关文献结果吻合，亦验证了计算模型的正确性。

(2) 深季节冻土区铁路路基温度场随季节更替而循环往覆冻融，对于哈尔滨-满洲里铁路路基，每年 10 月下旬开始由路基表层单向冻结，至次年 1 月末至 2 月初当地表温度达到最底值时，路基内部由上至下冻结并未停止，直至次年 3 月末达最大冻深。

(3) 哈尔滨-满洲里铁路路基最大冻结深度约 2m。在达到最大冻深后，由冻结层上下面同时双向融化，且上表面融化速度较下表面速度快，直至 5 月中下旬路基内部冻结层全部融化。

第 5 章 深季节冻土区铁路路基振动响应分析

深季节冻土区铁路路基受列车行驶振动荷载长期作用的同时，路基随着四季交替而循环往复冻融。因此，深季节冻土区铁路路基在轨道交通荷载作用下的振动响应特性较为复杂。翟婉明教授所建立的车辆-轨道耦合统一模型是目前较为完善的轮轨动力分析通用模型，该模型在传统模型基础上，以轨道不平顺为激励源，综合考虑机车车辆、轨道线路与轮轨界面三个方面的影响。然而，这种大的系统动力耦合作用模型求解时亦存在计算耗时长、存储量大、且场地变换处理较为复杂等问题，对于分析受季节变化影响的冻土区铁路路基振动响应有一定的 困难。

本书借助 Python 语言编写程序，参数化建立季节冻土区铁路路基振动反应三维数值模型，解决了通过人工 GUI 操作建模工作量大，效率低等问题，同时解决了现有统一模型场地时变系统处理复杂等问题。通过设置不同材料层材料参数有针对性的分析不同季节、不同路基填料下，季节冻土区列车行驶引起铁路路基振动反应特性。通过第 2 章中哈尔滨-满洲里铁路安达路段在冻结期、春融期和正常期现场监测加速度结果对数值计算模型进行验证，此模型亦为本书后续章节开展深季节冻土区铁路路基振动影响因素分析提供理论基础。

5.1 路基振动响应分析建模思路

本章采用有限单元法，首先，建立包括轨枕、道床、路基、场地的铁路路基三维无限元边界动力数值模型；应用课题组开发的 ZL-TNTLM 程序，通过计算获得不同工况下（列车行驶速度、类型、载重等）的轨-枕作用力时程；然后，将各个轨-枕作用力时程作为外部荷载输入到路基三维动力数值模型中，同时引入第 4 章深季节冻土区铁路路基温度场模型计算的不同季节路基温度场，作为动力计算模型的初始场（温度场与应力场网格划分相同），实现温度场与应力场的间接耦合，计算分析不同冻融时期深季节冻土区铁路路基在不同激励因素作用下的振动响应。最后，通过与实测加速度与动应力（哈尔滨-满洲里线安达路段现场监测不同冻结时期加速度，秦沈客运专线“中华之星”路基表面的动应力）对比，验证季节冻土区铁路路基动力模型的正确性。

5.2 列车行驶振动荷载模拟

目前，国内外许多学者对列车-轨道-路基振动机理进行了研究。其中，翟婉明教授[87]所建立的车辆-轨道耦合统一模型是目前较为完善的轮轨动力分析通用模型，如图5-1所示。

基于列车-轨道-路基垂向耦合动力系统理论，课题组凌贤长、朱占元等自行开发了列车振动荷载的计算分析程序包ZL-TNTLM。应用该模型能够刻画列车行驶引起的整个列车编组通过时车体-轮对-轨道-轨枕-道床-路基动力系统的振动反应[67]。

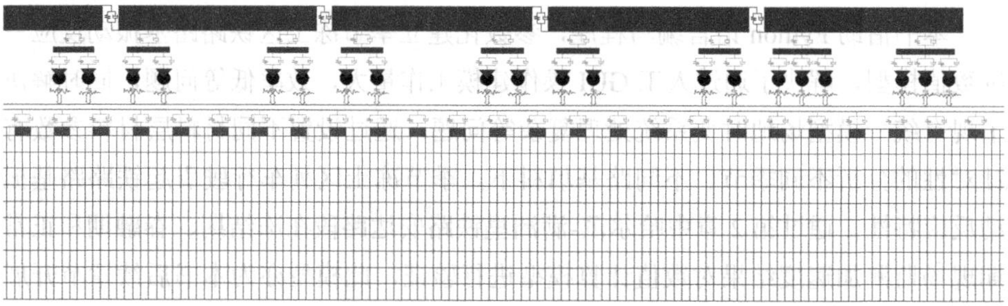

图 5-1 列车-轨道-路基统-耦合动力学模型[87]

然而，图 5-1 所示这种完整的动力耦合作用模型求解时存在计算时间长，存储空间耗费大，且场地变换处理困难等问题。考虑到与土层结构振动传递最直接相关的是轨枕，采用动力子结构方法并参照翟婉明教授的车辆-轨道垂向耦合统一模型[87]，将轨枕和道床均简化为多质点体系，得到如图 5-2 所示列车-轨道垂向耦合动力学模型[67]。

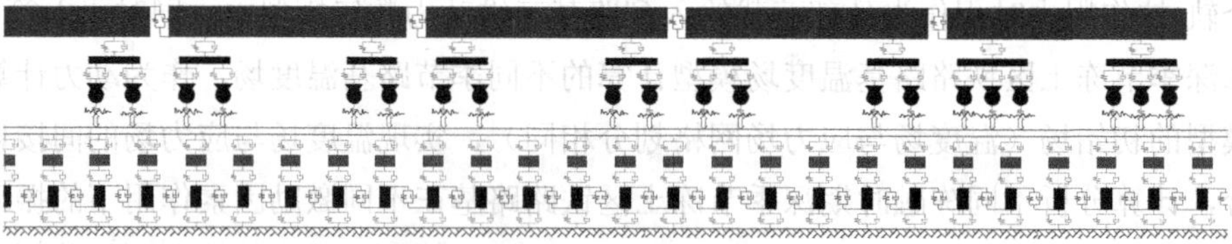

图 5-2 列车-轨道垂向耦合动力学模型[67]

由于哈尔滨-满洲里未对轨枕支点反力进行监测，为便于对轨枕计算力进行验证，本书选取与秦沈客运专线“中华之星”高速试验列车相同的列车编组：1 节机车(NJ2)+4 节车厢(YZ25)+1 节机车(NJ2)；行驶速度为 200km/h；不平顺谱以现场实测高低不平顺(图 5-3)为激励计算轨枕作用力，计算轨枕力时程曲线如图 5-4 所示。

由图可见，对于计算值和实测值，机车所对应的轨枕作用力明显大于车厢，是由于机车轴重大引起。计算结果与秦沈客运专线“中华之星”高速试验列车（v=200km/h）轨枕支点反力时程进行对比，计算值与实测值波形相似且计算最大轨枕作用力幅值（70kN）略大于实测结果（60kN），这是由于轨道不平顺谱及路基结构不同等多种因素引起。轨枕力时程曲线能清晰反映列车的编组情况和各轮轴间的相对位置关系，可见，应用此计算程序能够较好模拟轨枕作用力。

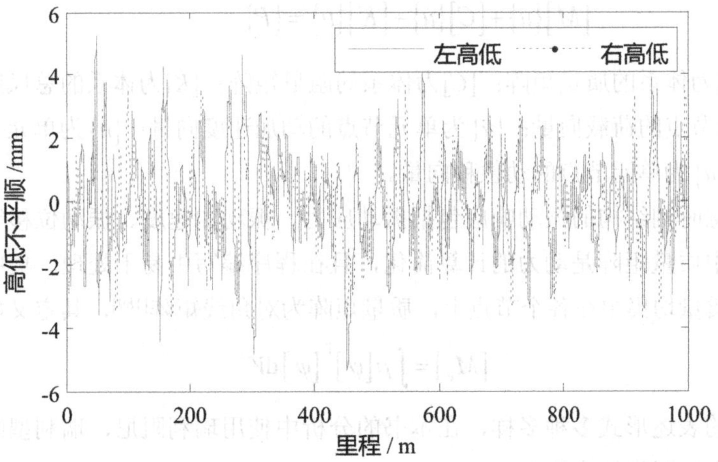

图 5-3 实测左右轨道高低不平顺

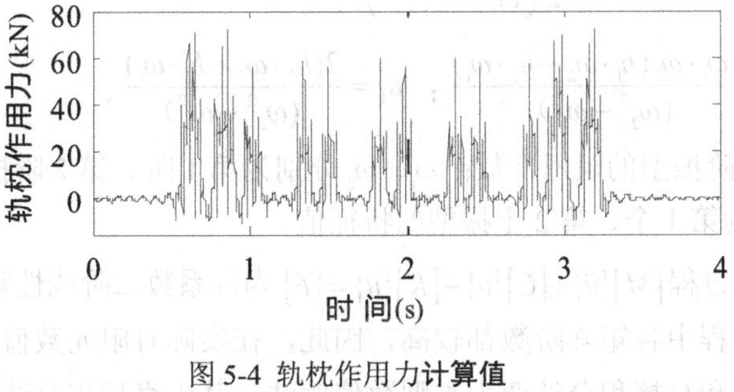

图 5-4 轨枕作用力计算值

5.3 列车行驶路基振动响应模拟方法

5.3.1 体系运动方程建立与求解

根据有限元理论和振动力学理论[189]，将计算模型进行离散，获得在运动状态中各节点的动力平衡方程：

$$f_{\mathrm{I}} + f_{\mathrm{D}} + f_{\mathrm{S}} = p(t) \tag{5-1}$$

式中：f_{I}、f_{D}、f_{S}和$p(t)$分别为惯性力向量、阻尼力向量、抗力向量和外荷载向量。可将上式表示成

$$[M]\{\ddot{u}\}+[C]\{\dot{u}\}+[K]\{u\}=\{P\} \tag{5-2}$$

式中：$[M]$为体系的质量矩阵；$[C]$为体系的阻尼矩阵；$[K]$为体系的总风度矩阵；$\{P\}$为单元节点的荷载向量；$\{\ddot{u}\}$为单元节点的动加速度向量；$\{\dot{u}\}$为单元节点的速度向量；$\{u\}$为单元节点的动位移向量。

在任意时刻结构的振动响应包括振动应力、振动加速度、振动位移等，经验表明，集中质量矩阵是动力的计算简化，且在程序编写中易于处理。集中质量矩阵是假定质量均集中在各个节点上，质量矩阵为对角线矩阵[189]，其定义如下：

$$[M_{\mathrm{e}}]=\int \rho[\psi]^{\mathrm{T}}[\psi]\mathrm{d}V \tag{5-3}$$

阻尼的表述形式多种多样，在本书的分析中使用瑞利阻尼，瑞利型阻尼中阻尼常数和阻尼矩阵见式(5-4)。

$$h_s=\frac{1}{2}\left(\frac{a_0}{\omega_s}+a_1\cdot\omega_s\right),\quad [C]=\alpha_0[M]+\alpha_1[K] \tag{5-4}$$

其中：$a_0=\dfrac{2\cdot\omega_1\cdot\omega_2(h_1\cdot\omega_2-h_2\cdot\omega_1)}{(\omega_2{}^2-\omega_1{}^2)}$；$a_1=\dfrac{2(h_2\cdot\omega_2-h_1\cdot\omega_1)}{(\omega_2{}^2-\omega_1{}^2)}$。

式中：h_s为s阶振型的阻尼常数；ω_1、ω_2分别为第1阶、第2阶振型固有圆频率；ω_1^2、ω_2^2分别为第1个、第2个振型的特征值。

动力平衡方程$[M]\{\ddot{u}\}+[C]\{\dot{u}\}+[K]\{u\}=\{P\}$为常系数二阶线性常微分方程组。由于动力平衡方程中各矩阵阶数都较高，因此，在实际有限元数值分析中，经常采用振型叠加法和直接积分法两大类型数值解法，其中直接积分法分为隐式算法和显式算法[191]。应用显式算法，当前增量步开始时，计算节点加速度为：

$$\ddot{u}_t = M^{-1}\left[P - I\right]_t \tag{5-5}$$

式中：M为节点质量矩阵；P为施加的外力；I为单元内力。

应用显示算法对加速度在时间上进行积分[191]，在计算速度的变化时首先假定加速度为常数，再应用这个速度的变化值加上前一个增量步中点的速度来确定当前增量步中点速度，计算公式如下：

$$\dot{u}_{t+\frac{\Delta t}{2}} = \dot{u}_{t-\frac{\Delta t}{2}} + \frac{\Delta t_{t+\Delta t} + \Delta t_t}{2}\ddot{u}_t \tag{5-6}$$

增量步结束时的位移为速度对时间的积分再加上在增量步开始时的位移：

$$u_{t+\Delta t} = u_t + \Delta t_{t+\Delta t}\dot{u}_{t+\frac{\Delta t}{2}} \tag{5-7}$$

这样在增量步开始时提供了满足动力学平衡条件的加速度，得到加速度后，在时间上 显式地 前推速度和位移。

5.3.2 边界条件

铁路路基实质上是半无限空间体。通常采用截断边界的方法近似模拟无限域的影响，并通过加大模型尺寸降低因截断边界所带来的影响。对于动力加载波涉及振动波的传播问题，截断边界易引起波动反射，使能量传回分析区域，与波动能量大部分向无穷远处逸散事实不符；同时，铁路路基三维模型本身比较复杂，加大模型尺寸同时增加计算成本成存储空间。因此，本书采用有限元结合无限元边界进行无限远边界模拟，对于路基振动模型水平、竖向、纵向三个方向均采用无限元边界。

该方法优势在于：一方面实现波动的边界反射对分析区域影响较小；同时，对建模尺寸要求降低，即仅需建立关注范围模型，而无需通过加大模型尺寸来降低边界影响，无限元详图如图 5-5 和图 5-6 所示。

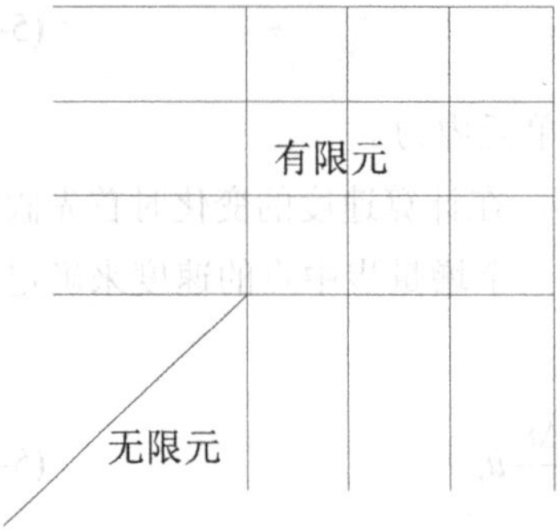

图 5-5 边角处网格划分示意图

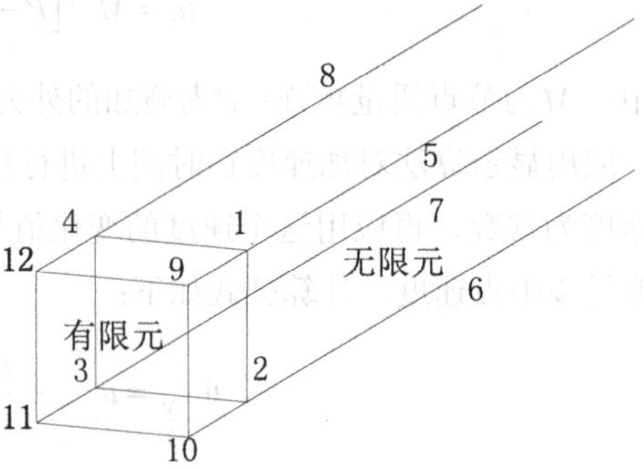

图 5-6 有限元单元与无限单元位置

5.3.3 数值建模

本书选取典型深季节冻土区哈尔滨-满洲里铁路 K124+118 断面建立计算模型，断面选取、几何尺寸均与温度场完全相同，场地概况详见第 4 章。为分析季节变化对铁路路基振动响应影响，本书中建模分别针对典型春融期、冻结期和正常期进行建模计算。温度场分别取 2010 年 1 月 15 日（冻结期）、5 月 15 日（春融期）和 10 月 15 日（正常期）路基中心断面温度场分布，温度场分布云图详见第 4 章中图 4-4 所示。铁路路基断面图如图 5-7 所示。

结合现有大庆地区气象资料与哈尔滨-满洲里铁路路基温度场计算结果，冻结期取最大冻结深度为 2m，即如图中季节冻融层 1 和季节冻融层 2 均冻结土层状态；春融期取冻结层和融化层均为 1m，其中季节冻融层 1 为融化层，季节冻融层 2 为冻结层；正常期取季节冻融层 1 和季节冻融层 2 均为非冻结层进行计算，如图 5-7 所示。

借助于 ABAQUS 有限元软件，应用 Python 语言编写程序实现了参数化建立列车行驶条件下路基振动反应三维有限元模型（ABAQUS 软件开发环境提供的脚本接口，就是基于 Python 语言进行的定制开发）。通过设置路堤高度（可分别设置道砟、基床表层、基床底层厚度）、路堤宽度、路堤坡度（可以设置非对称路堤）、场地宽度、场地深度、场地长度等几何参数、材料参数、最小单元尺寸，可自动进行网格划分（网格粗细由加载中心至场地边缘自动过渡两次），建立双线铁路路堤有限元计算模型，方便参数化分析各影响因素。计算模型建模参数输入窗口如图 5-8 所示。

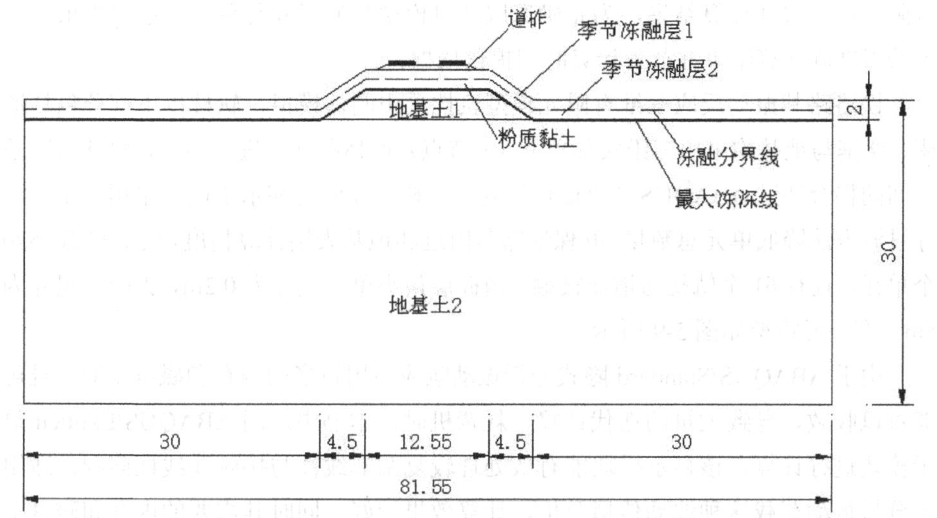

图 5-7 哈尔滨-满洲里铁路路基断面图（单位：m）

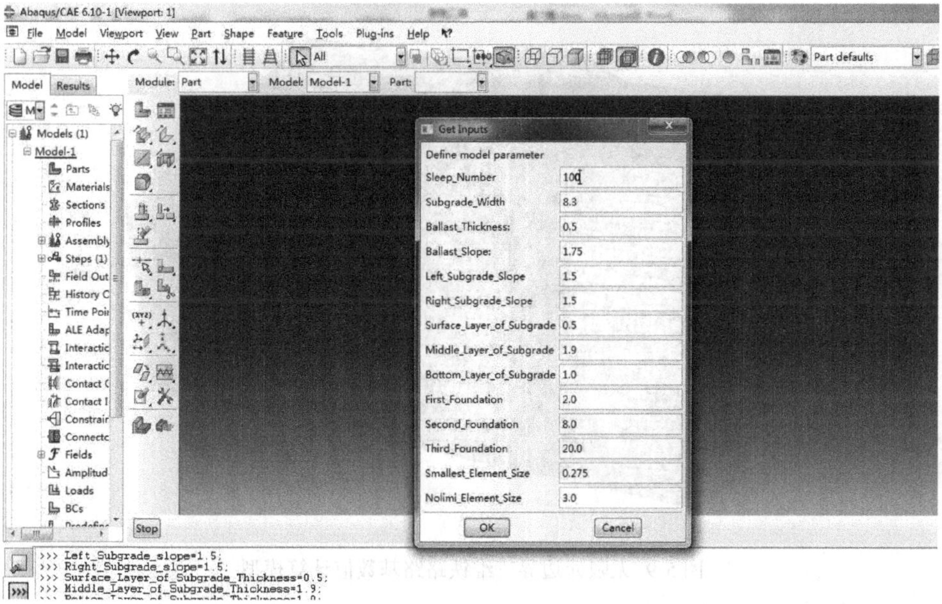

图 5-8 参数化建模输入参数窗口

该程序建立几何模型可以考虑多种路堤几何形式，通过施加上部轨枕荷载可计算各种车型、车速、载重条件，包括双线路堤会车（不同车型、车速、载重双线会车）情况下的路基振动响应；可分析列车荷载下枕木、道床、路基、场地等的应力、应变、位移、速度、加速度。通过试算并比较不同计算模型几何尺寸，有限元单元尺寸计算结果，为正确选取计算模型几何尺寸和单元大小提供依据，为获得准确计算结果并节省计算时间提供依据。

铁路路基振动反应三维有限元模型轨枕采用刚体模拟，轨枕以下部分包括道床、路基与地基均采用三维实体单元（8 节点六面体单元）进行离散，轨枕与路基之间的耦合通过 ABAQUS 中 Tie 连接约束。模型在竖向和水平向均采用了单元尺寸过渡方法降低单元总数量，并保证路基附近和地基表层计算精度，模型共 205570 个单元，且有 61 个轨枕与道砟接触。道砟层最小单元尺寸为 0.2m，无限元尺寸为 5m。有限元模型如图 5-9 所示。

由于 ABAQUS/Standard 隐式分析振动响应占用较多的内存和磁盘空间，且可能难以收敛，导致大量的迭代计算，耗费机时。本书中选用 ABAQUS/Explicit 显示模块进行计算，该显示模块能有效处理较复杂非线性与接触非线性问题，适用于分析振动荷载这种波动传播分析，计算效果较好，同时其需要的内存和磁盘空间远远小于隐式方法。

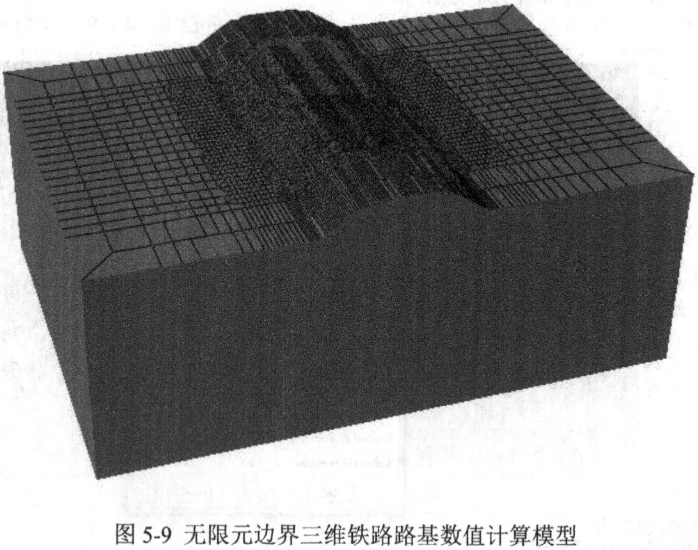

图 5-9 无限元边界三维铁路路基数值计算模型

5.3.4 本构模型与参数

长期列车荷载下路基土表现为塑性的力学行为，而列车荷载作用下路基土体应力-应变关系表现为非线性和滞后性。等效线性化方法通过线性迭代近似反映土体的非线性和阻尼滞后效应，尤其是小应变(1%~2%)下，能给出较合理的结果。等效线性化模型参数易于确定，计算机时较小，因此在岩土工程有限元计算中得到了广泛应用。因此，本书中将路基土体假设为黏弹性体，采用等效线性化模型[20,188]近似描述土的非线性黏弹性的动力性能，对铁路路基振动响应特性进行研究。

等效线性化模型采用黏弹性 Kelvin 模型来反映土体在周期荷载作用下的滞回性，其应力应变关系为：

$$\tau = G_{\mathrm{d}}\gamma + \eta_G\dot{\gamma} \tag{5-8}$$

式中：G_{d}为动剪切模量；η_G为剪切黏滞系数；τ是剪应力；γ是剪应变。式中剪切黏滞系数可用下式表达：

$$\eta_G = 2G\lambda / \omega \tag{5-9}$$

式中：λ为阻尼比；ω为圆频率。

对于三维情况，若以ε_{ij}表示应变偏量，则等效线性化模型可推广为：

$$\sigma_{ii} = K_{\mathrm{d}}\varepsilon_v + 2G_{\mathrm{d}}\varepsilon_{ii} + \eta_K\dot{\varepsilon}_v + 2\eta_G\dot{\varepsilon}_{ii},\ i=1,2,3 \tag{5-10}$$

$$\sigma_{ij} = 2G_{\mathrm{d}}\varepsilon_{ij} + 2\eta_G\dot{\varepsilon}_{ij},\ i=1,2,3,\ j=1,2,3,\ i\neq j \tag{5-11}$$

式中：K_{d}为材料体积模量，见式(6-13)；η_K为体积黏滞系数。

$$K_{\mathrm{d}} = 2G_{\mathrm{d}}\mu / (1-2\mu) \tag{5-12}$$

式中：μ为泊松比。剪切黏滞系数与体积黏滞系数的关系可用下式表达：

$$\eta_K = K_{\mathrm{d}}\eta_G / G_{\mathrm{d}} \tag{5-13}$$

本书采用自定义材料子程序 VUMAT 接口，内嵌材料本构实现等效线性化三维模型的应用，即基于 ABAQUS/Explicit 动力显示分析，联合使用 VUMAT 和 VUSDFLD 子程序实现等效线性化三维模型的应用，VUMAT 和 VUSDFLD 子程序编写详见有关文献[141]。

为对比季节变化对列车振动响应特性影响，本书计算季节性冻土地区列车行驶路基振动反应的有限元计算前需要确定路基的温度场分布，然而季节变化是一个连续且相对列车行驶时间较为漫长的一个过程，在本书的研究中，为了简化分析，以季节变化为指标，按路基温度场分布简化确定。冬季时，从路基表面至冻土下限面处完全冻结；春季时，路基的季节冻融表层融化，季节冻融底层冻结；夏季时路基处于完全正常状态。具体各个季节路基温度取值见表 5-1。

道床、路基和场地进行有限元计算时所需要的物理力学指标与动力学参数主要结合低温动三轴试验结果与现场波速试验，以及参考国内外相关的文献资料选取。其中，各个土层及道床的计算参数见表 5-2。

表 5-1 铁路路基土物理力学参数

名称	温度/℃	天然重度/(kN/m)	最大剪切模量/kPa	泊松比
道砟	常温	20.0	2.860E+05	0.25
粉质黏土	+1	20.0	2.540E+04	0.32
	−2	21	6.091E+05	0.30
	−8	21	1.352E+06	0.28
地基土 1	+1	18.0	2.540E+04	0.32
	−2	19.0	6.091E+05	0.30
	−8	19.0	1.352E+06	0.28
地基土 2	常温	18	9.018E+04	0.29

表 5-2 铁路路基土动力学参数

名称	温度/℃	参数	剪应变（10^{-4}）							
			0.05	0.1	0.5	1	5	10	50	100
道砟	常温	α_G	0.999	0.998	0.994	0.988	0.945	0.896	0.632	0.462
		λ	0.004	0.006	0.019	0.030	0.075	0.090	0.110	0.120
粉质黏土	−2	α_G	0.996	0.993	0.964	0.931	0.730	0.574	0.213	0.119
		λ	0.018	0.024	0.049	0.066	0.122	0.150	0.198	0.208
	−8	α_G	0.999	0.999	0.995	0.989	0.948	0.901	0.644	0.475
		λ	0.024	0.029	0.046	0.056	0.088	0.105	0.152	0.240
	+1	α_G	0.999	0.999	0.993	0.986	0.934	0.877	0.588	0.416
		λ	0.006	0.009	0.020	0.027	0.058	0.078	0.140	0.166
地基土 1	−2	α_G	0.996	0.993	0.964	0.931	0.730	0.574	0.213	0.119
		λ	0.018	0.024	0.049	0.066	0.122	0.150	0.198	0.208
	−8	α_G	0.999	0.999	0.995	0.989	0.948	0.901	0.644	0.475
		λ	0.024	0.029	0.046	0.056	0.088	0.105	0.152	0.240
	+1	α_G	0.999	0.999	0.993	0.986	0.934	0.877	0.588	0.416
		λ	0.006	0.009	0.020	0.027	0.058	0.078	0.140	0.166
地基土 2	常温	α_G	0.996	0.993	0.964	0.931	0.730	0.574	0.213	0.119
		λ	0.018	0.024	0.049	0.066	0.122	0.150	0.198	0.208

基于本书第 3 章列车行驶振动下路基土动力学参数试验结果，可得到路基填料的动弹性模量和阻尼比受温度、冻融循环和加载频率影响的经验拟合关系式，确定不同温度条件路基填料的最大动剪切模量。由于试验经费限制，深季节冻土区铁路路基其他土层，例如，道砟、地基土等土层在不同温度下的力学参数，参考相关资料[20,66]给出，详见表 5-1。动力学参数仅考虑温度的影响，未能考虑加载频率、含水量、围压等因素作用。

5.3.5 动力加载方案

列车荷载施加是准确模拟路基动力计算结果的关键。本书中列车荷载采用课题组凌贤长、朱占元等开发的程序（ZL-TNTLM），通过计算获得轮轨作用力，将其作为列车振动荷载输入到铁路路基三维无限元边界计算模型，分析路基振动响应特性，同时解决了场地时变系统处理困难等问题。列车荷载通过在路基模型中每一根轨枕输入与之对应的轨枕作用力时程实现，不同列车行驶速度、列车编组与不同轨枕的轨枕力时程示意图如图 5-10 和图 5-11 所示。

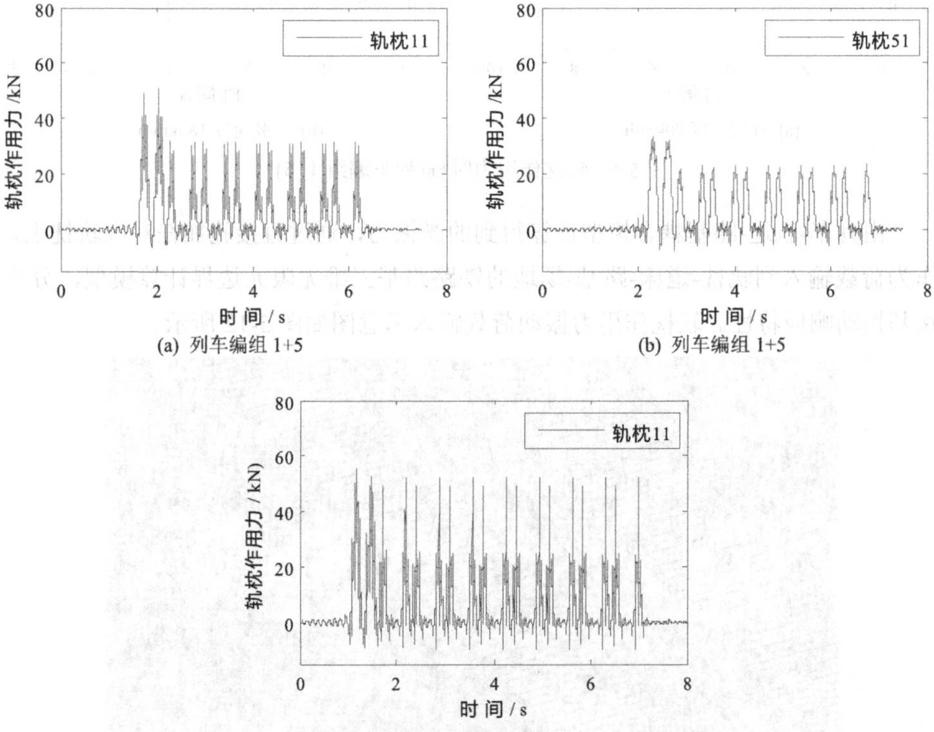

(a) 列车编组 1+5　(b) 列车编组 1+5

(c) 列车编组 1+9

图 5-10 轨枕作用力时程（速度为 140km/h）

图 5-10(a)和(b)为列车编组为 1+5，行驶速度为 140km/h 时，模型中第 11 根轨枕和第 51 根轨枕的轨枕作用力的时程曲线。图 5-10(c)为列车编组 1+9，行驶速度为 140km/h 时，第 11 根轨枕的轨枕作用力的时程曲线。由图可见，列车通过时，轨枕力时程曲线直接反应列车的编组情况，且与列车各转向架轮对位置对应，当行驶速度相同时，列车编组越长，轨枕力时程越长。

图 5-11(a)和(b)给出了列车编组为 1+5，列车运行速度分别为 70km/h 和 180km/h 时，第 11 根轨枕作用力时程曲线。可见，随着列车速度提高，列车荷载作用周期缩短且幅值略有增大。

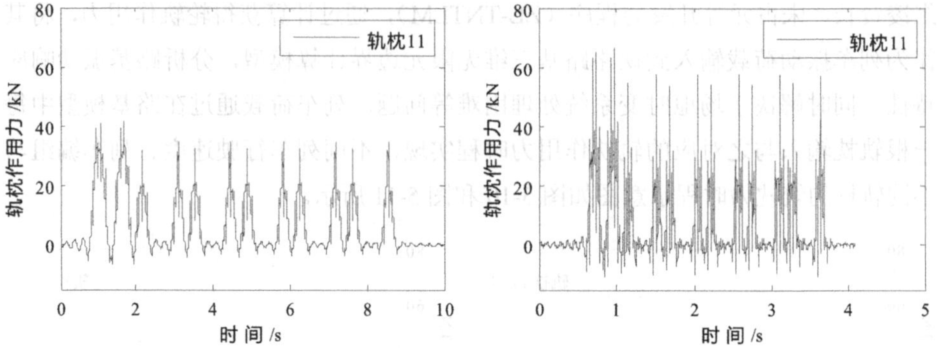

(a) 行驶速度 70km/h　　(b) 行驶速度 180km/h

图 5-11 轨枕作用力时程(列车编组 1+5)

由列车-轨道-路基耦合模型计算得到的激振力，通过直接施加在对应轨枕上，作为荷载输入到轨枕-道床-路基-场地的铁路路基三维无限元边界计算模型，分析路基振动响应特性。轨枕作用力振动荷载输入示意图如图 5-12 所示。

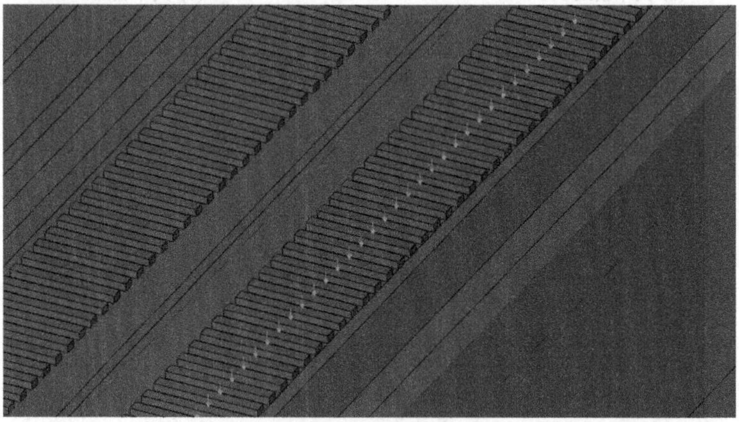

图 5-12 轨枕作用力振动荷载输入计算模型

5.4 路基动力响应分析数值模型可靠性验证

5.4.1 动应力与位移

通过三维铁路路基计算模型的应力和位移云图，可反映在列车行驶过程中，应力和位移随荷载变化分布图。由图 5-13(a)~(d)可见，在第 1.898s 第一节机车第一个转向架开始驶入，在 2.277s 第一节机车全部驶入，在第 2.657s 机车驶出，第一节车厢驶入，在 3.036s 第二节车厢开始驶入，4 个不同时间点竖向动应力云图基本可反映列车转向架移动状态。

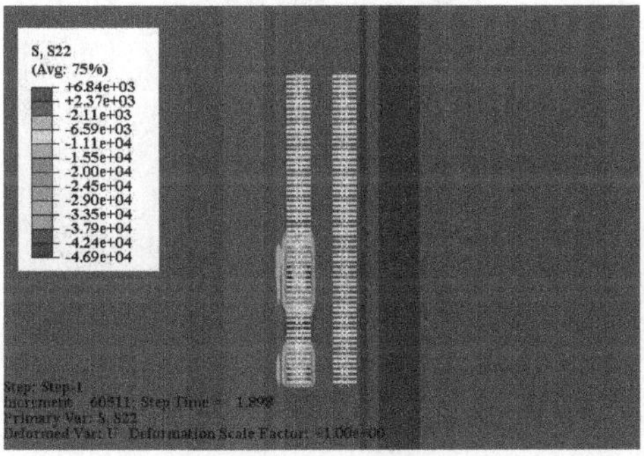

(a) 第一节机车开始驶入

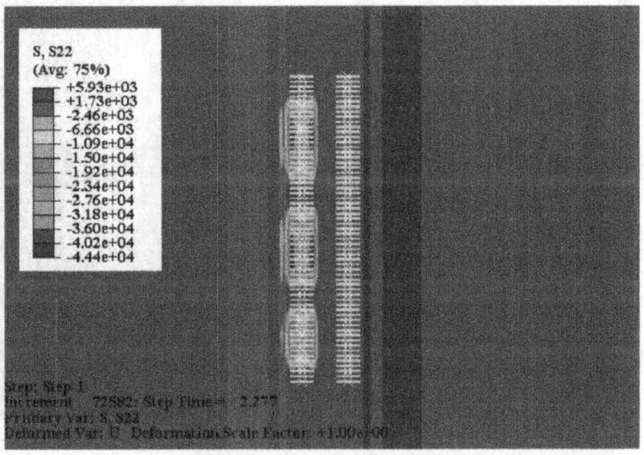

(b) 第一节机车全部驶入

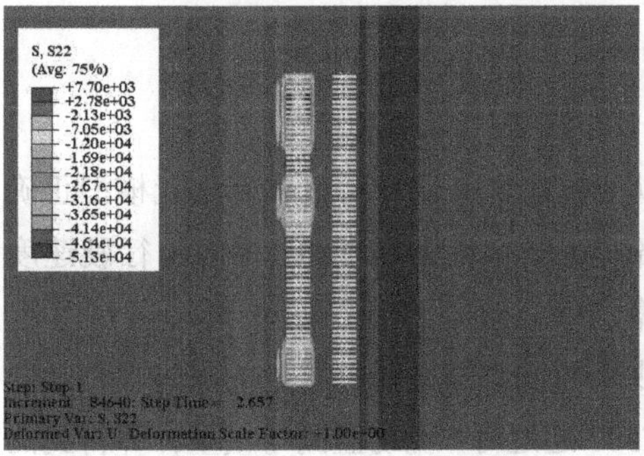

(c) 机车驶出，第一节车厢驶入

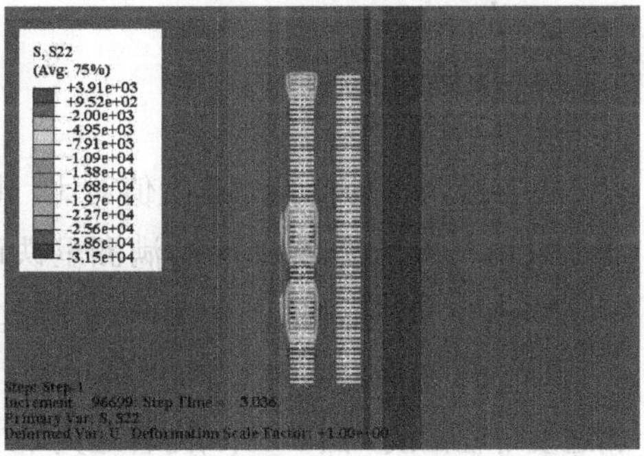

(d) 第一节车厢驶出，第二节车厢驶入

图 5-13 列车行驶引起路基表面竖向动应力云图（单位：kPa）

图 5-14(a)~(d)与图 5-13(a)~(d)对应的 4 个不同时间点竖向位移云图，由图基本可反映列车转向架移动状态，且最大位移数量级与现场监测相同。可见计算模型所得动应力和动位移云图可以较好地反映列车移动状态。

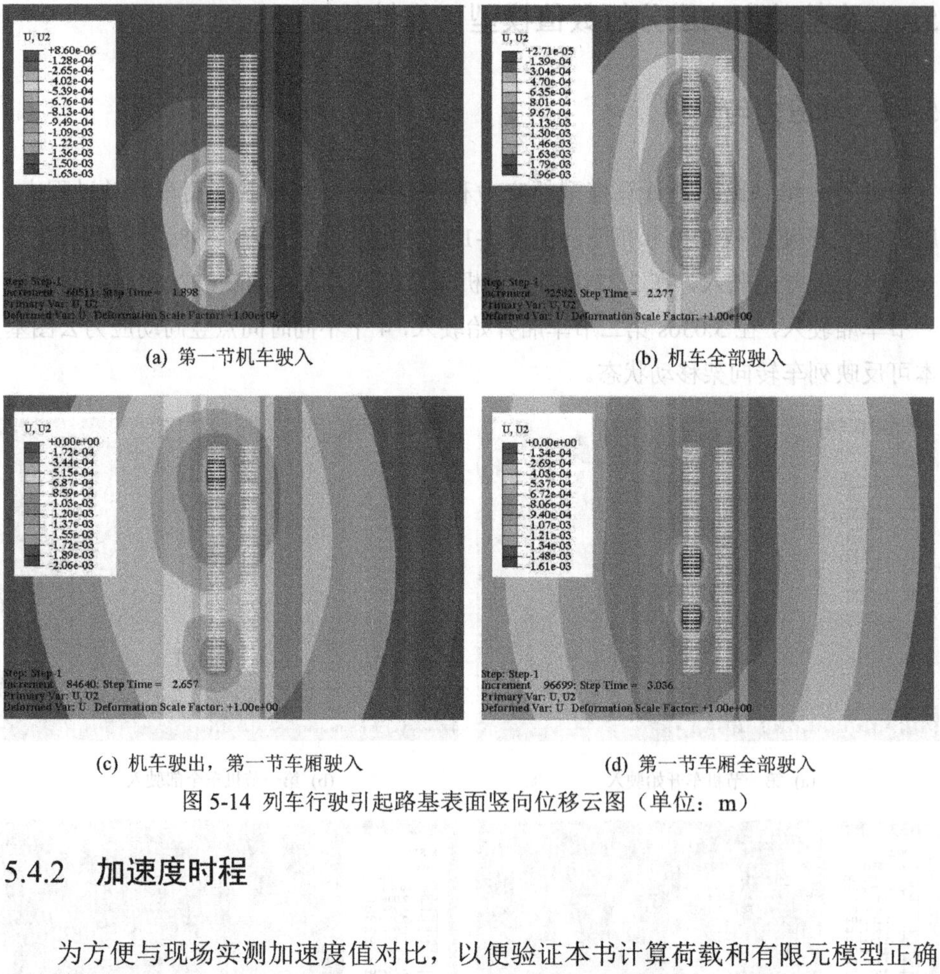

(a) 第一节机车驶入　　(b) 机车全部驶入

(c) 机车驶出，第一节车厢驶入　　(d) 第一节车厢全部驶入

图 5-14 列车行驶引起路基表面竖向位移云图（单位：m）

5.4.2 加速度时程

为方便与现场实测加速度值对比，以便验证本书计算荷载和有限元模型正确性，采用与现场监测哈尔滨-满洲里铁路安达段客运列车 T507 相同的行驶速度(v=140km/h)和列车编组（1+10）进行计算。

图 5-15(a)为客运列车 T507 通过时，现场监测与模型计算得到的路肩中点竖向加速度时程曲线，图 5-15(b)为客运列车 T507 通过时，现场监测与模型计算得到的基床表层点竖向加速度时程曲线。由图可见，加速度计算时程曲线与实测波形非常相似，且在路肩中点机车幅值均在 2m/s^2 附近，在基床底层点机车幅值均在 0.6~0.8 m/s^2 附近。由此，表明本书所应用计算荷载和三维有限元模型能较好地模拟路基的动应力特性。

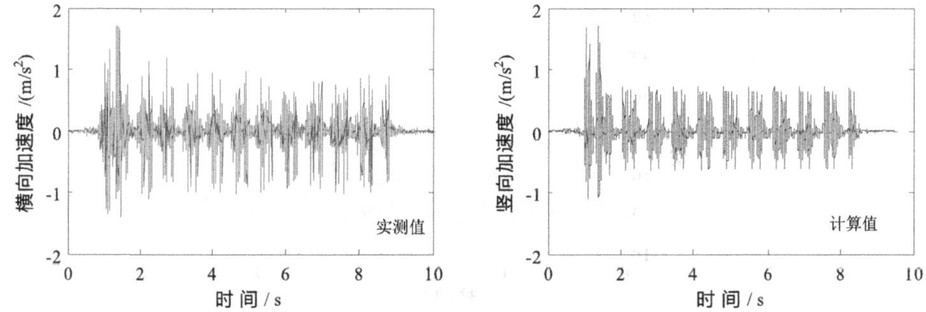

(a) 路肩点

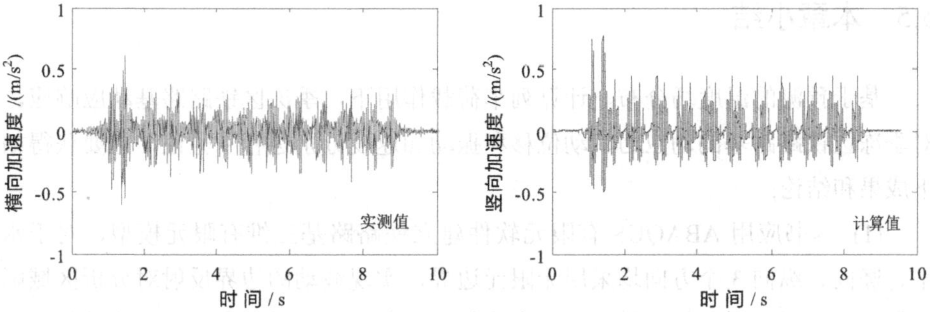

(b) 基床表层点

图 5-15 现场监测值与计算值加速度时程曲线对比

5.4.3 动应力时程

通过现场监测秦沈客运专线“中华之星”路基表面可以得出相应的动应力特征曲线。其列车编组：1 节机车(NJ2)+4 节车厢(YZ25)+1 节机车(NJ2)，行驶速度为 200km/h。图 5-16 为应用三维有限元计算模型，输入列车动荷载(图 5-4)计算所得路基表面动应力。比较发现，动应力的计算曲线与实测波形较相似，现场监测与计算基床表层动应力幅值均在 50kN 附近。因此，表明计算数值模型及其参数选取合理，能较好地模拟路基的动应力特性。

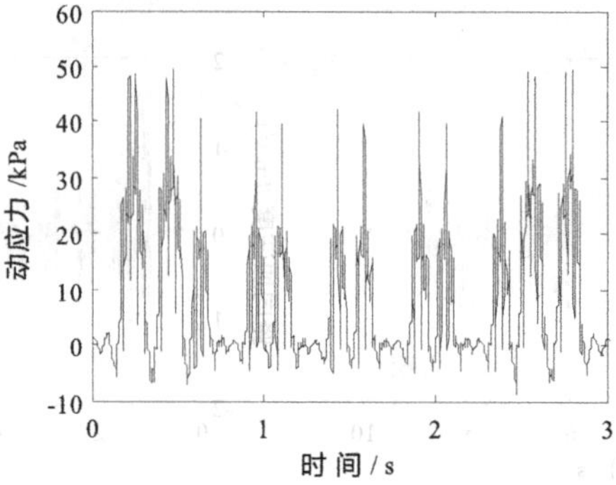

图 5-16 模型计算值动应力时程曲线

5.5 本章小结

基于预测的温度场分布，计算列车荷载作用下，季冻区铁路路基动应响应。对季冻区铁路路基的动应力、动位移和振动加速度分别进行了验证，主要获得如下成果和结论：

(1) 本书应用 ABAQUS 有限元软件建立铁路路基三维有限元模型，对于水平、竖向、纵向 3 个方向均采用无限元边界，实现波动的边界反射对分析区域影响较小，且无需通过加大模型尺寸来降低边界影响。同时考虑到不同冻结状态对土体力学性质影响，引入温度场作为初始场变量，量化由温度对土体力学性质的影响。

(2) 应用车辆-轨道结构耦合动力分析模型，获得列车移动荷载通过时轨枕力时程，本书提取 61 个轨枕作用力，作为三维铁路路基计算模型输入荷载。与秦沈客运专线“中华之星”高速试验列车（v=200km/h）轨枕支反力对比，其幅值与时程波形均较好符合。

(3) 通过应用引入温度场的三维有限元模型对季节冻土区铁路路基振动响应进行计算。其结果表明：通过对动应力与位移云图、加速度和动应力时程曲线，以及横断面动应力峰值曲线形式等进行分析及与实测结果对比，表明该数值模型可以较好地模拟路基的振动特性，为下文季节冻土区铁路路基振动响应影响因素分析奠定基础。

第 6 章 深季节冻土区铁路路基振动特性及影响因素分析

如绪论所述，非冻土区铁路路基在列车荷载作用下的振动响应特性受路基结构、场地条件、列车类型、列车载重、行驶速度等因素影响。然而，针对深季节冻土地区，综合考虑季节性冻融循环作用与列车荷载共同作用下路基的振动响应特性研究尚处于空白。

鉴于上述，本章在前文工作基础上，着重分析列车荷载作用下季节冻土区铁路路基振动响应特性、衰减规律及影响因素分析。将第 4 章中季节冻土区铁路路基温度场数值模型计算得到的稳态温度场结果作为初始场变量，应用第 5 章建立的铁路路基振动响应三维数值模型，应用课题组凌贤长、朱占元等自行开发的列车振动荷载的计算分析程序计算获得的轨枕时程作为模型动力荷载输入，计算不同冻结时期铁路路基振动响应。并对列车行驶速度、列车车型、列车轴重、轨道不平顺谱、路基的冻融状态等因素对路基的动应力、加速度幅频特性及幅值衰减规律等的影响进行深入研究。同时，本章内容也为第 7 章分析深季节冻土区列车荷载引起的铁路路基永久变形提供理论基础。

6.1 计算断面选取及列车参数

6.1.1 计算断面

选取典型深季节冻土区哈尔滨-满洲里铁路 K124+118 断面，分析深季节冻土区铁路路基的振动响应特性、衰减规律及影响因素。该断面位于安达市，属于我国深季节冻土区铁路路基冻融病害多发区之一。场地概况、温度场建模与不同冻结时期铁路路基温度场分布云图详见第 4 章。季节冻土区铁路路基振动模型的建立与验证见第 5 章，列车荷载应用课题组自编分析程序计算获得的轨枕时程作为模型动力荷载输入。

为分析列车行驶引起路基振动沿水平和竖向振动强度分布及衰减规律，取三维有限元模型中心横断面有限元部分（第 31 根轨枕所对应）为典型断面进行列车荷载作用下路基振动响应分析。沿线路中心深度方向取典型测点：线路中心正下方基床表层点 P1、基床底层点 P2、路堤底部点 P3；沿水平方向取典型测点：路肩中点 P4、坡脚点 P5 进行分析，各点位置分布如图 6-1 所示。

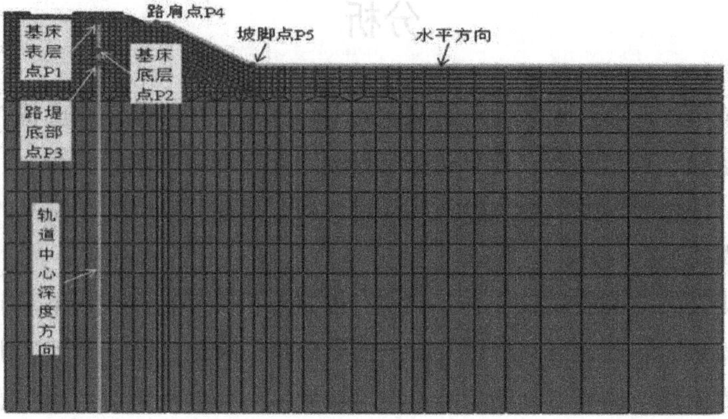

图 6-1 有限元模型横断面图

6.1.2 列车参数

铁路路基内部动应力频率受车辆类型、路基结构、行驶速度等多因素共同影响。本书中计算应用车辆的类型、行驶速度、车体质量等车辆参数见表 6-1，由表中参数可根据第 2 章中式(2-9)~式(2-11)计算不同行驶速度下各次列车转向架、固定轴距和轨枕间距（本书中取 0.556m）引起的振动频率，以普通客车(YZ25)为例，在行驶速度为 140km/h 时，由车辆定距、转向架固定轴距和轨枕间距引起的频率分别为 2Hz、16Hz 和 70Hz。钢轨受力分析模型见第 2 章图 2-5 所示。

表 6-1 车辆参数一览表

车厢类型	行驶速度/（km/h）	车体质量/kg	点头惯量/(kg.m^2)	车辆定距之半/m	转向架固定轴距之半/m
空载货车(C62AK)	90	14 600	266 000	4.25	0.875
满载货车(C62A)	90	77 000	1 200 000	4.25	0.875
大轴重货车(C75)	90	91 800	4 220 000	4.35	0.875
普通客车(YZ25)	90 70 140 180 210	48 500	2 312 000	9	1.2

6.2 季冻区铁路路基振动特性数值模拟

以客运列车编组为 1 节客车机车(NJ2)加 10 节车厢(YZ25)组成，行驶速度为 140km/h 为例，计算深季节冻土区铁路路基在春季、夏季和冬季的振动响应。分析不同冻结期、不同振动方向加速度和动应力幅频特性及其衰减规律。由于 1/3 倍程频谱具有频带宽、谱线少的特点，为便于比较，本书中应用 1/3 倍程频谱分析动应力和加速度频率特性。

6.2.1 动应力

动应力大小是影响土体动力性质的重要因素，同时铁路路基内部动应力是影响路基稳定和永久变形的主要因素。研究表明，路基动应力的幅值与机车车辆运行特性、线路及其基础状态等诸多因素有关。本书中主要针对路基内部动应力时程、频谱特性与动应力幅值衰减规律等进行详细分析。

6.2.1.1 动应力时程分析

图 6-2 所示为整列车通过时不同冻结状态、不同振动方向、距线路中心不同距离点的动应力时程曲线，从动应力时程可以清晰分辨出每一组轮对通过时引起的动应力峰值循环，且可通过列车行驶时间与车辆几何参数确定列车行驶速度。对于不同条件下各点动应力时程曲线的波形基本相同，且振动幅值不同。由于机车轴重较车厢大，机车引起的动应力幅值明显大于车厢，表明列车轴重对于路基振动强度影响明显，此计算结果与相关文献研究结果相同。

由图 6-2(a)~(c)可见，在基床表层点，对于不同冻融时期动应力振动幅值不同，冻结期较大，正常期次之，春融期较小。这是由于在冻结期，路基表面的冻结土层强度和刚度增加，阻尼减少，该冻结层对振动的衰减作用降低。而在春融期，自基床表层向下开始融化，由于其下部土体仍处于冻结状态，融化产生的水分无法及时从底部排出，路基表面的融化层强度和刚度降低，阻尼增大，使融化层对振动的衰减作用增强。

由图 6-2(c)~(e)可见，对比 3 个振动方向动应力幅值，其中竖向动应力明显大于纵向与横向，同时可见动应力在纵向与横向振动强度亦不可忽视。由图 6-2(f)~(g)可见，受土体阻尼对振动的衰减作用影响，动应力幅值随深度增加而减小，且振动强度越强其衰减越快，至路堤底部，机车与车厢引起的动应力幅值约减小至基床表层的 30%。

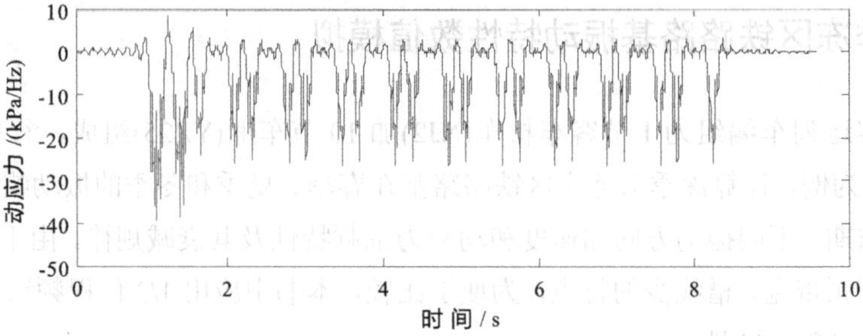

(a) 冻结期，竖向，基床表层

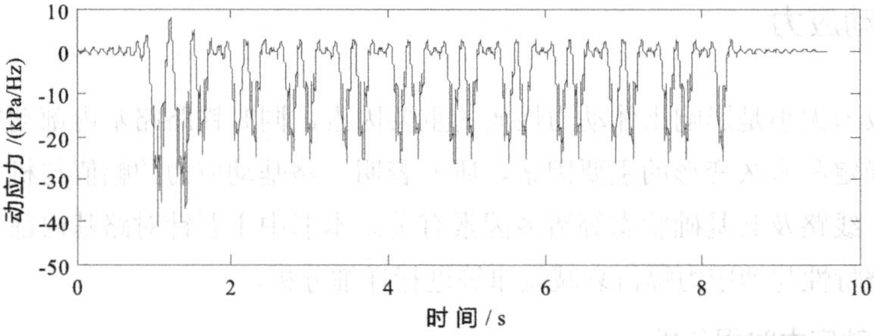

(b) 春融期，竖向，基床表层

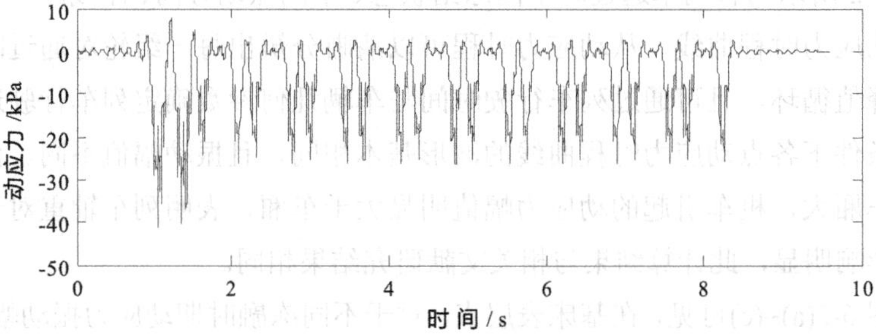

(c) 正常期，竖向，基床表层

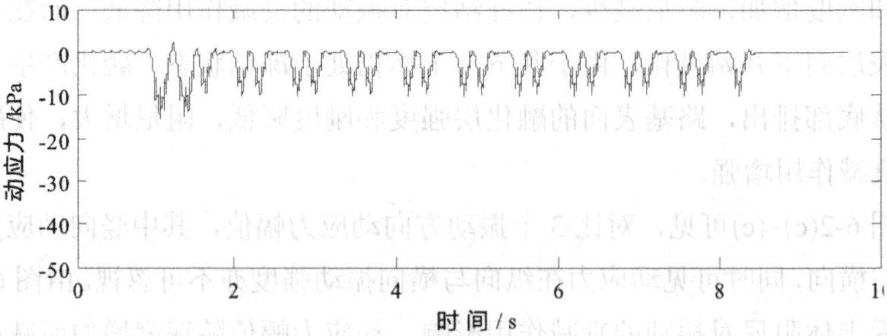

(d) 正常期，纵向，基床表层

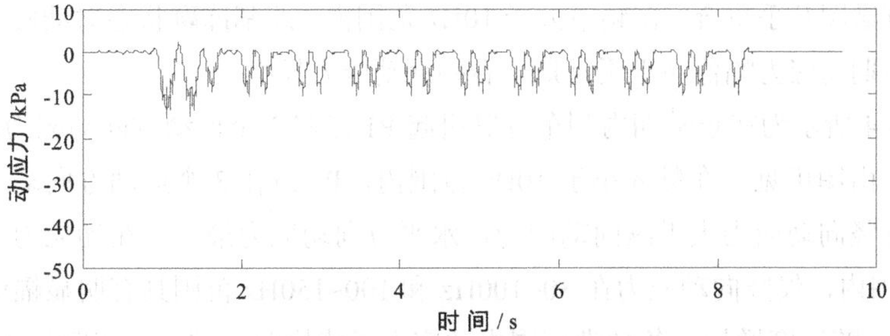

(e) 正常期，横向，基床表层

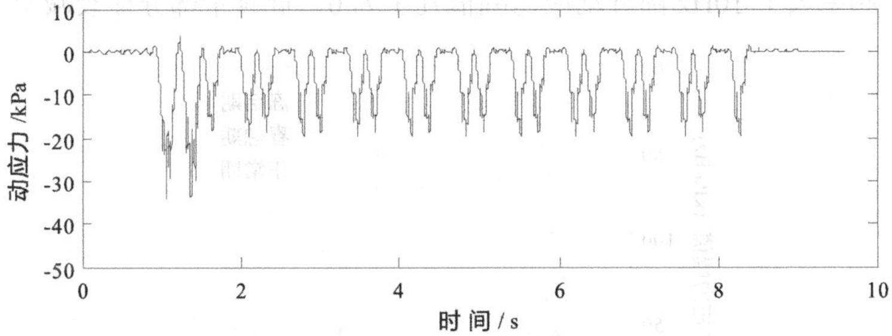

(f) 正常期，竖向，基床底层

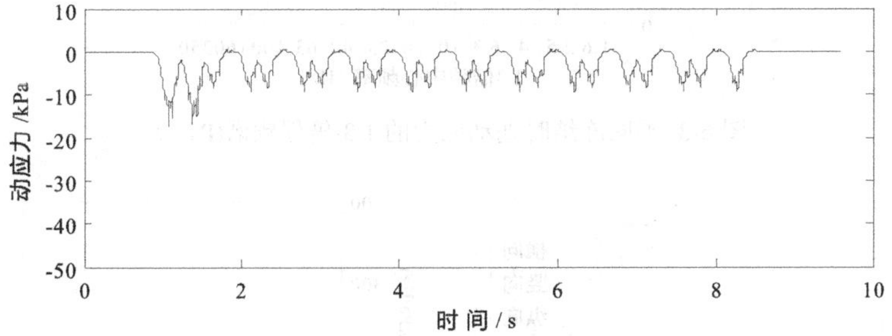

(g) 正常期，竖向，路堤底部

图 6-2 动应力时程曲线

6.2.1.2 动应力频谱分析

为分析列车行驶引起路基内部动应力频谱特性，对不同冻结时期、不同振动方向和距基床表层不同深度条件下动应力的 1/3 倍程频谱进行分析，如图 6-3~图 6-5 所示。由图可见，列车行驶引起路基内部动应力具有 5 个明显频带：1~2Hz、2~10Hz、10~30Hz、30~100Hz 和 100~150Hz。其中在频带 1~2Hz、2~10Hz 和 30~100Hz 内的振动强度较大。由前所述，对于行驶速度为 140km/h 的客车由车辆定距、转向架固定轴距和轨枕间距引起的频率分别为 2Hz、16Hz 和 70Hz，可见动应力主频带分布于车辆定距、转向架固定轴距和轨枕间距引起的频率附近。

由图 6-3 可见，P1 点在不同冻结期频带分布一致，且在频率小于 10Hz 范围内动应力频谱图几乎重合。在频率大于 10Hz 范围内，路基冻融状态对动应力影响明显，冻结期动应力幅值高于正常期，春融期动应力最小。

图 6-4 所示为在正常期内列车行驶引起 P1 点在 3 个振动方向动应力的 1/3 倍程频谱。由图可见，在频率小于 10Hz 范围内，P1 点在 3 个振动方向动应力幅值较大，且竖向动应力大于纵向动应力，水平方向动应力最小。在动应力频率大于 10Hz 范围内，仅竖向动应力在 30~100Hz 和 100~150Hz 范围具有明显幅值。由图 6-5 可见，随深度增加，各频带范围内动应力幅值均明显减小。在距基床表层 5m 深度处，频率大于 10Hz 部分动应力幅值几乎为 0，低频带部分亦衰减至较低值。

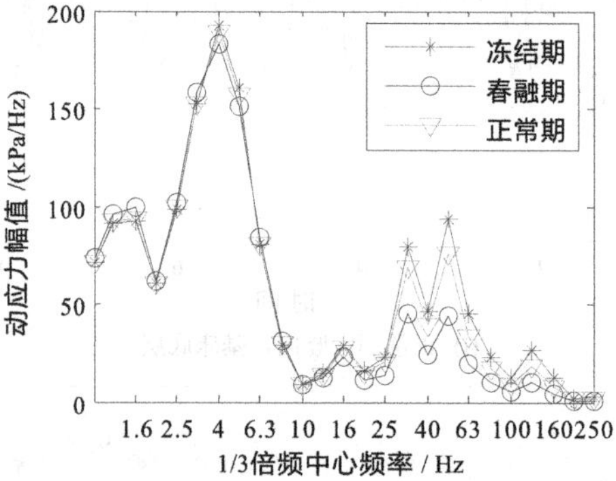

图 6-3 不同冻结时期动应力的 1/3 倍程频谱(P1 点)

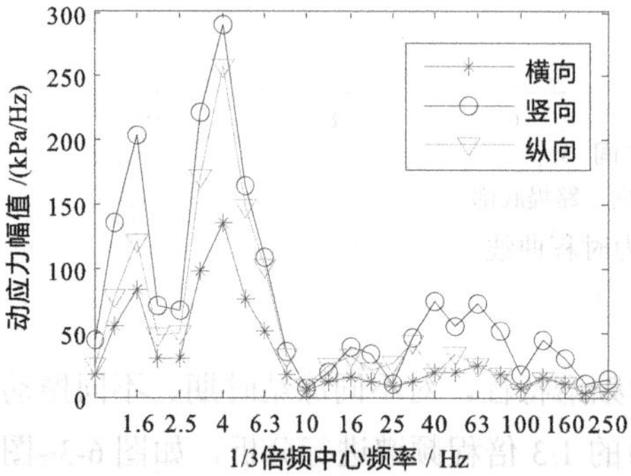

图 6-4 不同振动方向动应力的 1/3 倍程频谱

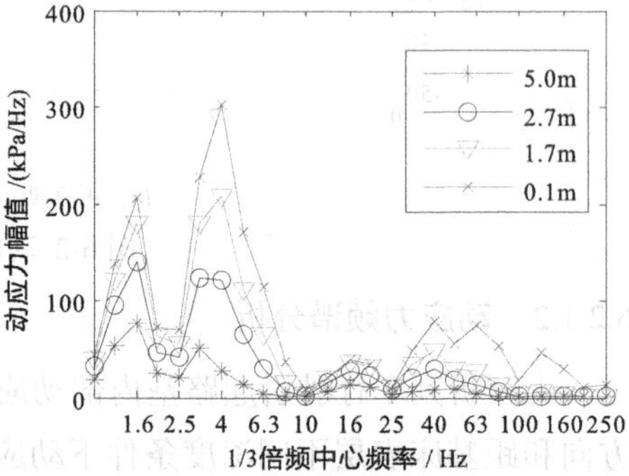

图 6-5 距线路中心不同距离点动应力的 1/3 倍程频谱

6.2.1.3 动应力衰减规律

图 6-6 和图 6-7 所示分别为季冻区铁路路基在 3 个不同冻结时期和不同振动方向的动应力幅值随深度衰减曲线。由图可见，路基内部动应力幅值均随深度增加快速衰减。分析图 6-6，不同冻结状态下路基动应力幅值相差不大，可见，路基

冻融状态对列车荷载引起路基内部动应力影响不明显。图 6-7 为正常期 P1 点在不同振动方向动应力幅值衰减曲线。由图可见，竖向动应力明显大于水平向和纵向动应力，且随路基深度增加而快速衰减，在路基底部动应力幅值约为基床表层的 30%。

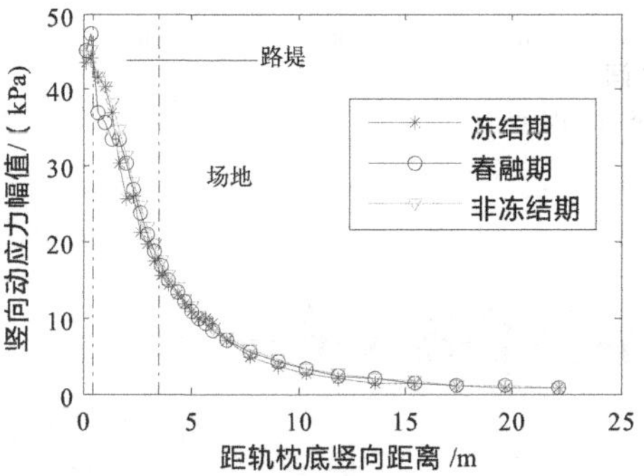

图 6-6 不同季节动应力幅值随深度衰减曲线

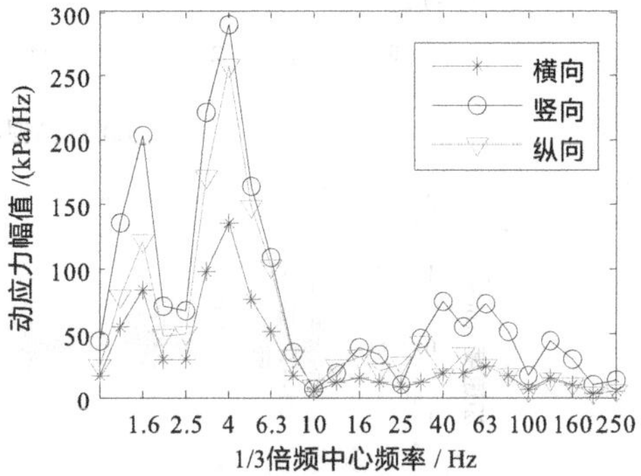

图 6-7 不同振动方向动应力随深度衰减曲线

6.2.2 加速度

6.2.2.1 加速度时程

图 6-8(a)~(g)为整列车通过时不同冻结状态、不同振动方向、距线路中心不同距离点的加速度时程曲线。由图可见，加速度时程曲线能较好地反映整列车通过时路基的振动特性，列车荷载引起的路基振动加速度时程曲线呈周期性变化，具有明显的上下基本对称的振动峰值。同时发现受列车轴重影响，机车引起的加速度幅值明显大于车厢，表明列车轴重对于路基振动强度影响明显，此计算结果与第 2 章实测结果相同。

图 6-8(a)~(c)为 P4 点在不同冻结时期加速度时程曲线。由图可见，在基床表层点，加速度振动幅值在冻结期较大，正常期次之，春融期较小。这是由于在冻结期，路基表面土层冻结，该冻结土层阻尼比较正常期小，使得对振动的衰减作用减弱；而在春融期，由于冻结夹层的存在，融化层产生的水分无法及时从底部排出，融化层刚度和强度减少，阻尼比增大，使得对列车行驶引起振动的衰减作用增强。由图 6-8(c)~(e)可见，对比 3 个振动方向加速度幅值，其中竖向加速度最大，纵向与横向较小，可见动应力在纵向与横向振动强度亦不可忽视。

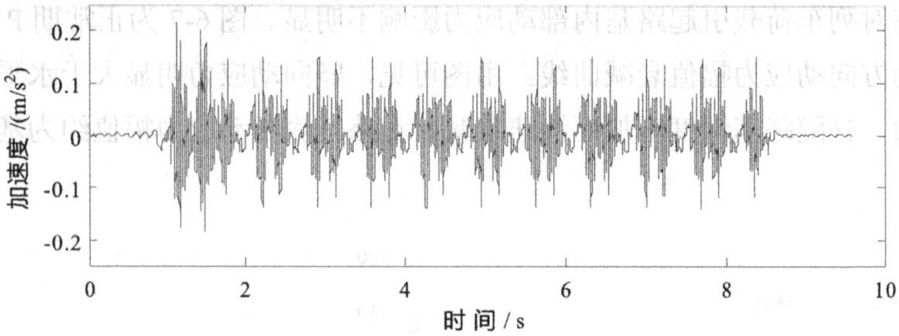

(a) 冻结期，竖向，P4 点

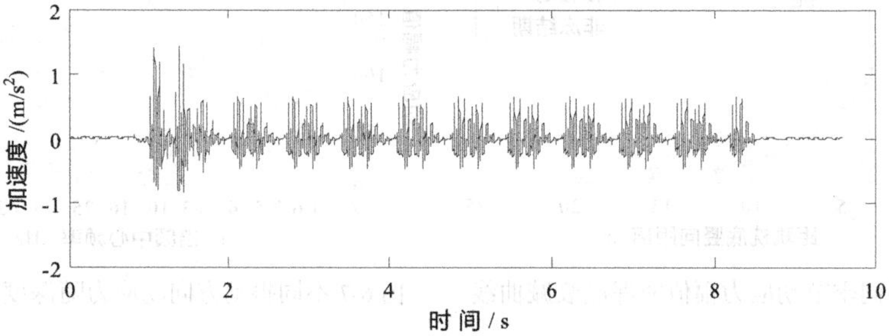

(b) 春融期，竖向，P4 点

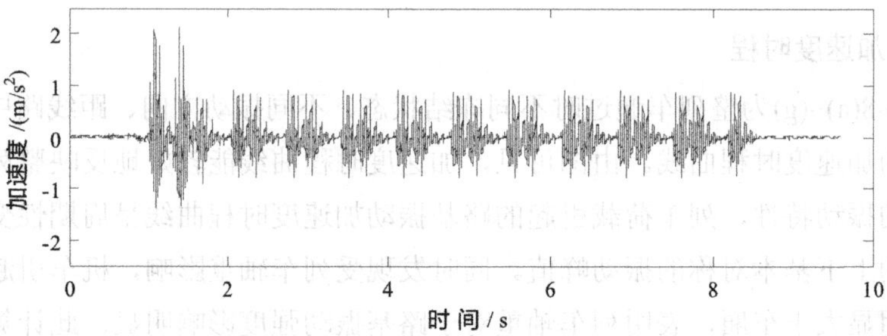

(c) 正常期，竖向，P4 点

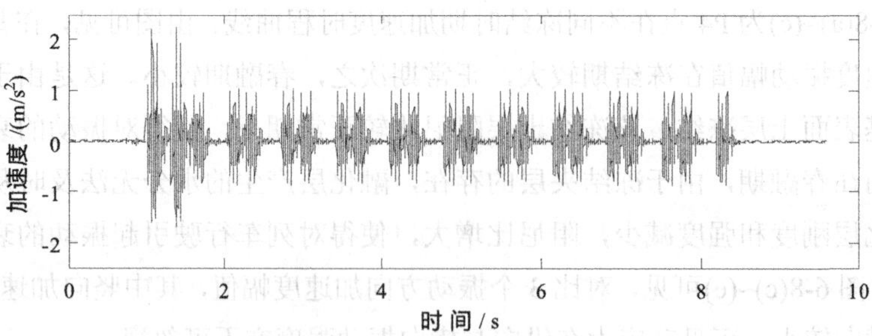

(d) 正常期，纵向，P4 点

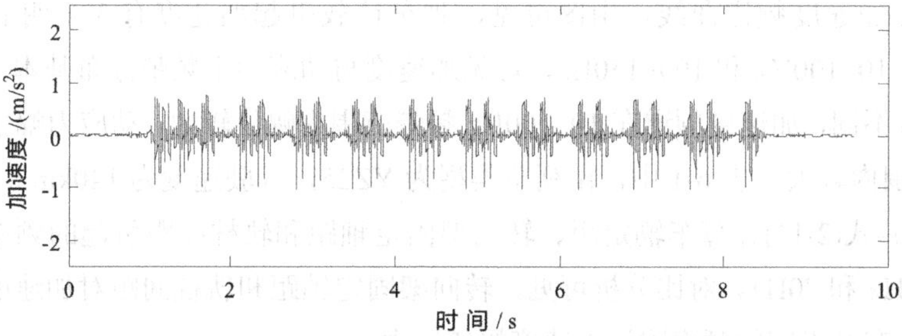

(e) 正常期，横向，P4 点

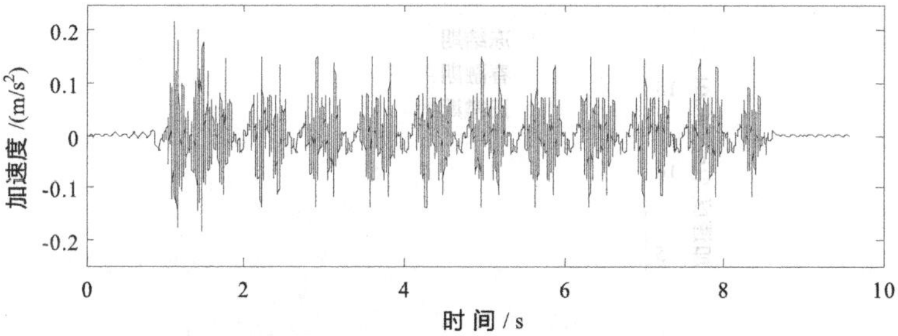

(f) 正常期，竖向，*D*=10.78m

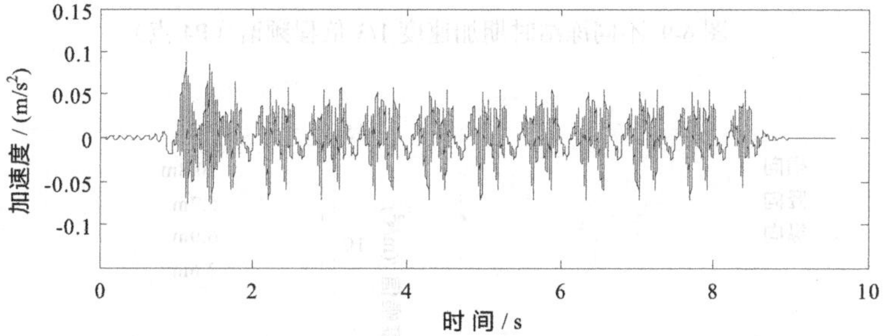

(g) 正常期，竖向，*D*=12.75m

图 6-8 加速度时程曲线

由图 6-8(c)、(f)和(g)可见，路肩点加速度时程可以清晰分辨出每一组轮对通过时引起的加速度峰值循环，而远离轨道点轮对引起的峰值循环不明显。这是由于临近轨道的路基振动主要是由周期性轮轨作用直接激发，而远离轨道点，受场地滤波与振动叠加作用，轮对引起峰值循环不明显。随着距线路中心距离增加，加速度幅值明显减小，在路基坡脚处 P5 点加速度幅值约为路肩中心点处 10%~20%。

6.2.2.2 加速度频谱

图 6-9 至图 6-11 所示分别为不同冻结期、不同振动方向和距线路中心不同水

平距离点加速度频谱曲线。由图可见，列车荷载引起加速度有 3 个明显频带：2~10Hz、10~100Hz 和 100~150Hz，可见加速度与动应力主频带分布基本一致，但优势频带不同，加速度频谱在 10~100Hz 频带范围内幅值较大，动应力幅值在小于 10Hz 范围内较大。表 6-1 中，由列车类型为 YZ25，行驶速度为 140km/h 的客车，按式(2-9)~式(2-11)计算车辆定距、转向架固定轴距和轨枕间距引起的频率分别为 2Hz、16Hz 和 70Hz。对比分析可见，转向架固定轴距和轨枕间距对加速度频率影响明显，在其引起的频率附近加速度幅值较大。

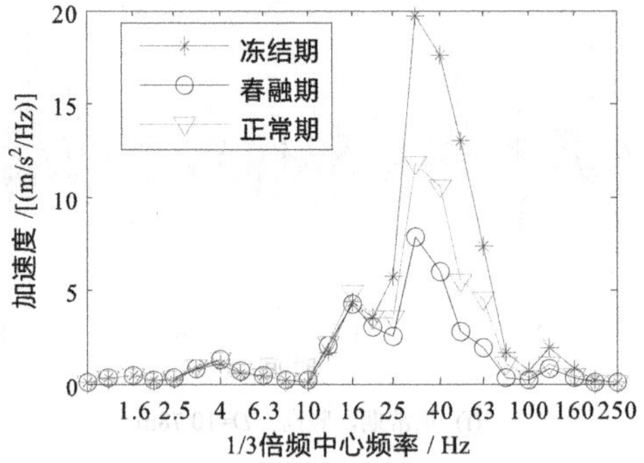

图 6-9 不同冻结时期加速度 1/3 倍程频谱（P4 点）

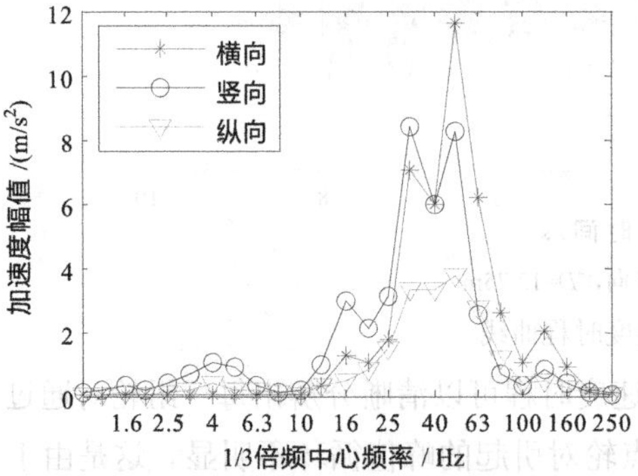

图 6-10 不同振动方向加速度 1/3 倍程频谱（P4）

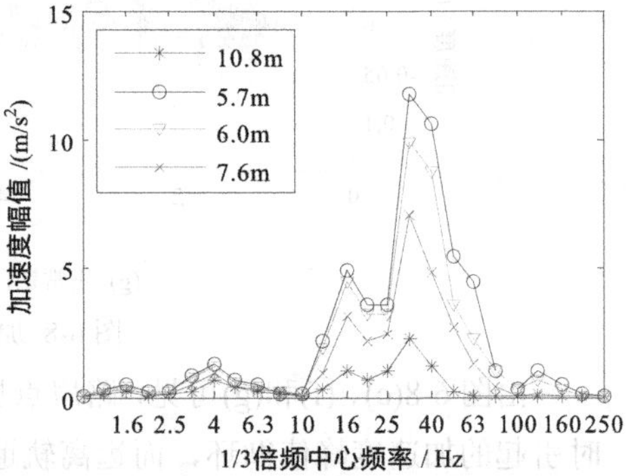

图 6-11 距线路中心不同水平距离点加速度的 1/3 倍程频谱

由图 6-9 可见，与现场监测结果相似，不同冻结状态下路基振动加速度频率分布相近，幅值不同。在 10~100Hz 频带范围内冻结期加速度幅值大于正常期，春融期对应的加速度幅值最小。

由图 6-10 可见，对于不同振动方向加速度频带分布相近，在 10~100Hz 范围内加速度振动强度较大，加速度幅值在竖向最大，纵向次之，水平向最小。图 6-11 为水平方向距线路中心不同距离 4 个点加速的 1/3 倍程频谱。由图可见，由于场地的滤波作用，各点随距线路中心距离增加，加速度频带略窄，峰值明显降低，且高频部分降低较低频部分快。

6.2.2.3 加速度衰减规律

分析深季节冻土区，冻结状态对列车行驶路基振动加速度幅频特性的影响，比较同一列车经过时在冻结期、春融期和正常期 3 个典型时期的振动加速度幅值及其衰减规律。由图 6-12 可见，对于竖向振动方向，振动加速度幅值在冻结期最大，在正常期次之，在春融期最小，且加速度幅值水平向随距线路中心距离增加而减少，在路基坡角以外，其幅值不及路肩处 20%，此结果与现场监测规律一致。

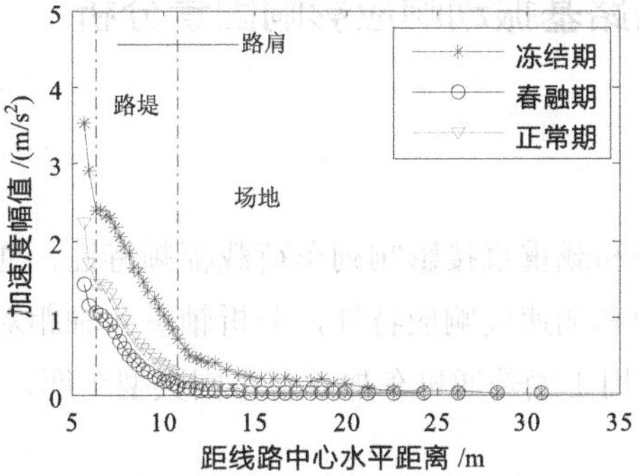

图 6-12 不同季节路基加速度幅值水平衰减曲线

图 6-13 和图 6-14 所示分别为随距线路中心水平距离增加和距基床表面竖向深度增加，铁路路基在横向、竖向和纵向 3 个振动方向的加速度幅值衰减曲线。对比可见，加速度幅值在线路中心下点加速度幅值较大，竖向达到 $15m/s^2$，路肩点加速度幅值约为 $1.5m/s^2$，在路基坡脚处加速度幅值约降低至路肩中心点处 10%~20%。图 6-14 中横向和纵向加速度幅值在距基床顶面一定范围内为先增大后减小，可见在距基表较近位置，对横向和纵向振动加速度均有一定抑制作用。

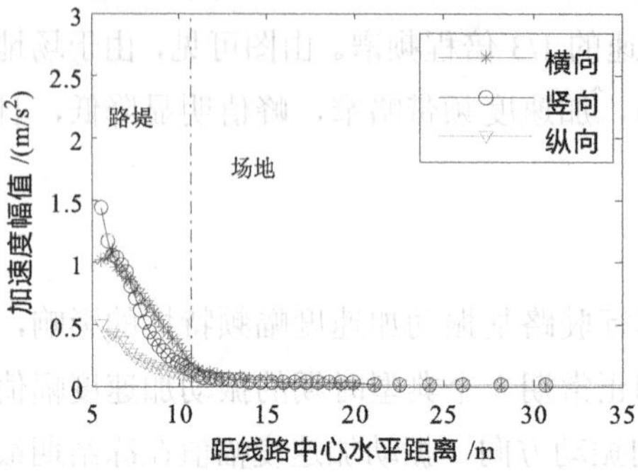

图 6-13 不同振动方向路基表面加速度幅值水平向衰减曲线

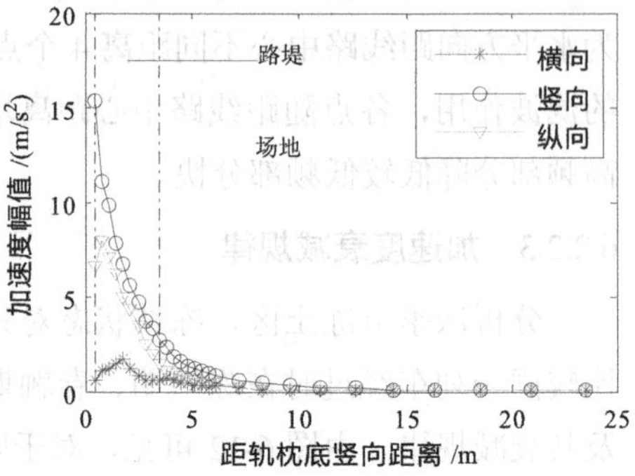

图 6-14 不同振动方向路基表面加速度幅值竖向衰减曲线

6.3 季冻区铁路路基振动响应影响因素分析

6.3.1 列车类型

列车轴重、轴距和载重直接影响列车荷载幅频特性，通过比较不同列车类型条件下路基的动应力和加速度响应特性，分析轴重和轴距对路基振动幅谱特性的影响。车辆编组均采用 1 辆普通机车加 6 节不同类型车厢，车厢信息见表 6-1，行驶速度均为 90km/h。

6.3.1.1 动应力幅频影响

由图 6-15 可见，不同类型列车竖向动应力有效值随深度衰减，其中 C75 列车动应力有效值最大，C62A 次之，C62 和 YZ25 动应力有效值相近且最小，可见列车车体质量对路基内部动应力幅值影响明显，车体质量及载重越大，动应力幅值越大。由图 6-16 可见，各类型车辆在 P1 点动应力主频带在 1~10Hz。C62A 和 C62AK 主频带相近且幅值不同。由表 6-1 中列车类型分别为 YZ25、C62A、C62AK 和 C75，行驶速度为 140km/h，按式(2-9)~式(2-11)计算车辆定距、转向架固定轴距和轨枕间距引起的主频率值，发现路基内部动应力频率在车辆定距、转向架固定轴距和轨枕间距引起的频率附近加速度幅值较大。

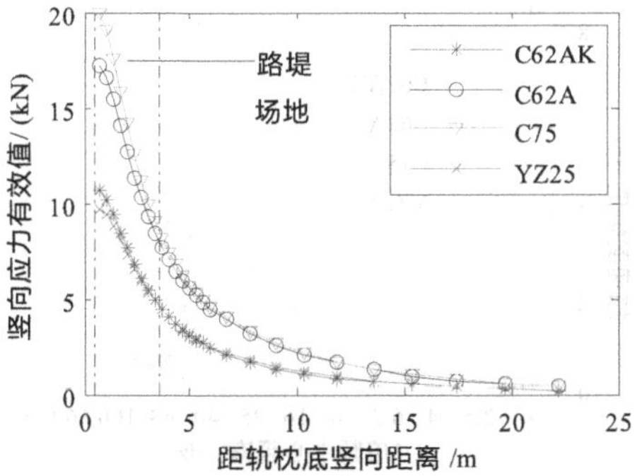

图 6-15 不同类型车辆竖向动应力有效值沿深度衰减曲线

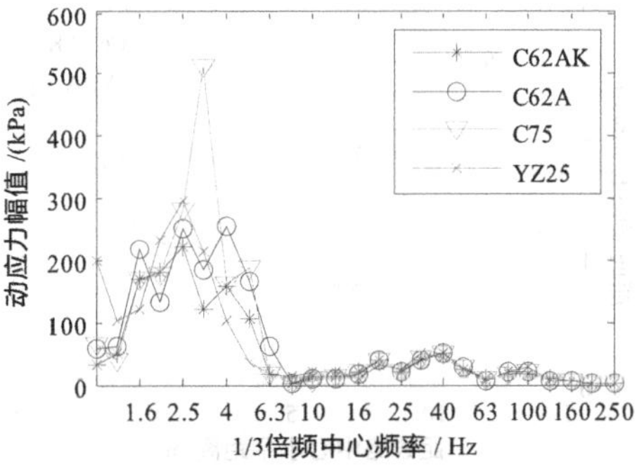

图 6-16 不同类型列车在 P1 点动应力的 1/3 倍程频谱

由图 6-17 可见，路基冻融状态对动应力影响不明显，不同冻结时期动应力有效值几乎相同。受列轴重和载重影响，在基床表层点，C75 和 C62A 动应力有效值明显大于 C62AK 和 YZ25，至基床底层点，动应力幅值快速衰减，各类型车辆动应力有效值相差减小。

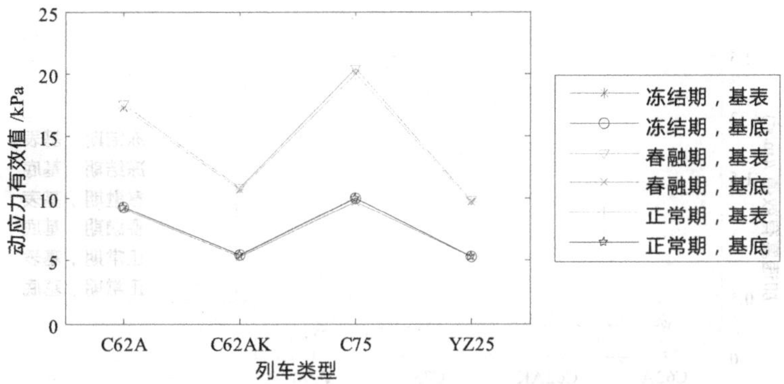

图 6-17 不同冻结时期路基动应力有效值与列车类型的关系

6.3.1.2 加速度幅频影响

由图 6-18 可见，不同类型列车竖向加速度幅值随距线路中心水平距离增加而迅速衰减。比较各次列车加速度幅值，其中 YZ25 列车加速度幅值较小，C62A、62AK 和 C75 加速度幅值相近，可见列车车体质量与载重对路基内部加速度影响不及动应力明显。由图 6-19 可见，在主频带 10~100Hz 范围内，各类型车辆加速度幅值较大。

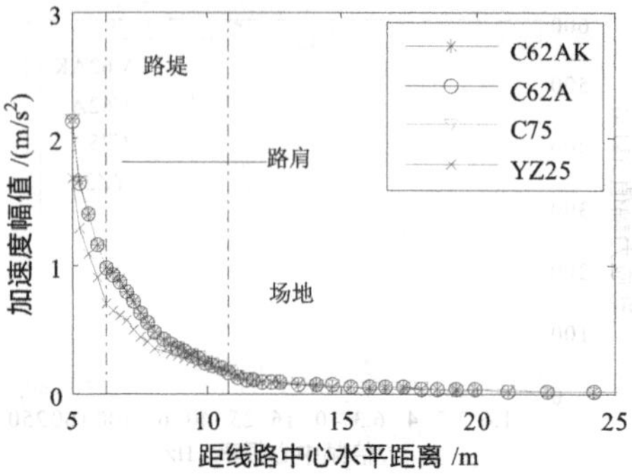

图 6-18 不同类型列车加速度幅值沿水平方向衰减曲线

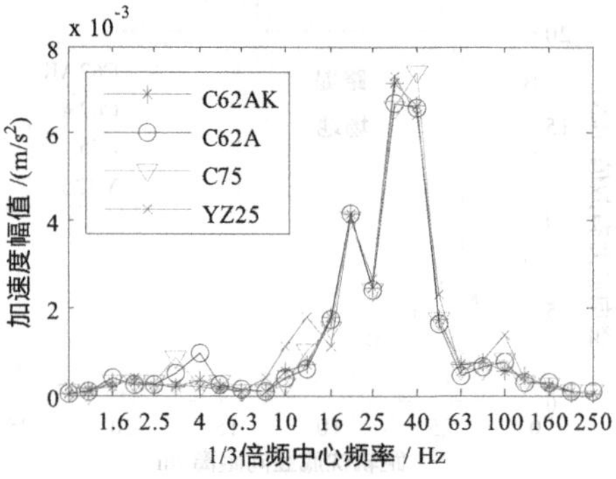

图 6-19 不同类型列车加速度的 1/3 倍程频谱

分析各类型列车在不同冻结时期基床表层与基床底层点加速度有效值（图 6-20）可见，在路肩点各次列车在不同冻结期加速度幅值相差较大，至路基坡角各次列车加速度幅值均衰减至较小值。对比各次列车在不同冻结期加速度幅值，在路肩处各次列车在冻结期加速度有效值均大于正常期，春融期最小。受车辆载重与车辆几何参数影响，C75 加速度幅值最大，YZ25 加速度幅值最小。

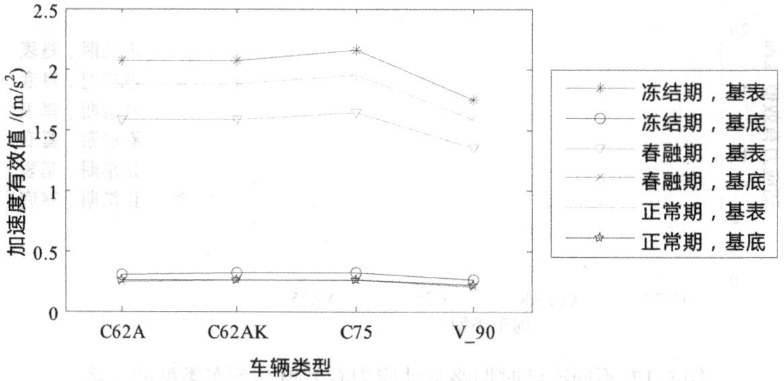

图 6-20 加速度有效值与列车类型的关系

6.3.2 行驶速度

为分析列车行驶速度对路基振动响应的影响，将列车时速分别为 70km/h、90km/h、140km/h、180km/h 和 210km/h 5 组不同的列车荷载输入计算模型。分析不同列车行驶速度对路基振动响应特性的影响，以及沿深度方向的传播和衰减规律；同时分析加速度在水平方向的幅频特性及其衰减规律。

6.3.2.1 动应力幅频影响

图 6-21 所示为不同行驶速度下列车竖向动应力有效值沿深度衰减曲线，由图可见，不同行驶速度下中期竖向动应力有效值随深度增加而迅速衰减。对比不同速度下路基动应力幅值，在基床表层，速度为 180km/h 列车动应力有效值较其他车辆略大，而随着深度增加，速度对动应力幅值影响不明显，至路基底部各次列车动应力值基本相同。同时发现，列车行驶速度对动应力幅值有一定影响，但并不是列车行驶速度越快幅值越大。

由图 6-22 可见，行驶速度在 70~210km/h 之间，P1 点动应力主频带分别在 1~10Hz 和 30~100Hz 之间。其中在相对较低频带 1~10Hz 范围内，频率随行驶速度增大而减小，行驶速度为 70km/h、90km/h、140km/h、180km/h、210km/h 分别对应频带在 2Hz、2.5Hz、4Hz、5Hz、6.3Hz 附近。在较高频率（30~100Hz）范围内，行驶速度越快，高频对应的幅值越大，行驶速度大于 90km/h 的车辆在此范围内幅值较大，当速度小于 90km/h 时，幅值较小。

图 6-23 所示为不同冻融状态基床表层和基床底层点的动应力有效值与行驶速度的关系。由图可见，当速度小于 140km/h 时，随行驶速度增加动应力幅值反而小幅降低，当速度大于 140km/h 时，动应力有效值随速度增加而增大，且在 180km/h 处最大。在速度为 70km/h、90km/h 和 140km/h 时，路基冻融状态对路基内动应力影响并不明显，当行驶速度为 180km/h 和 210km/h，冻结期动应力有效值大于正常期，春融期动应力有效值最小。

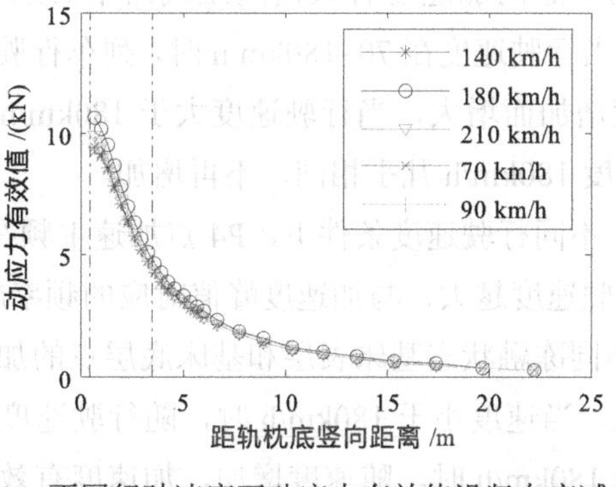

图 6-21 不同行驶速度下动应力有效值沿竖向衰减曲线

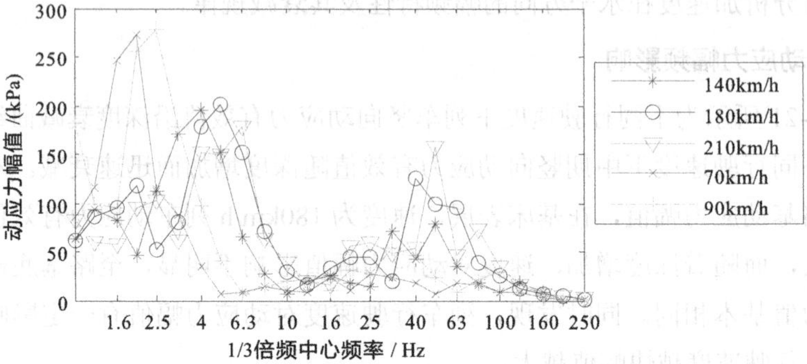

图 6-22 不同行驶速度列车在 P1 点动应力的 1/3 倍程频谱

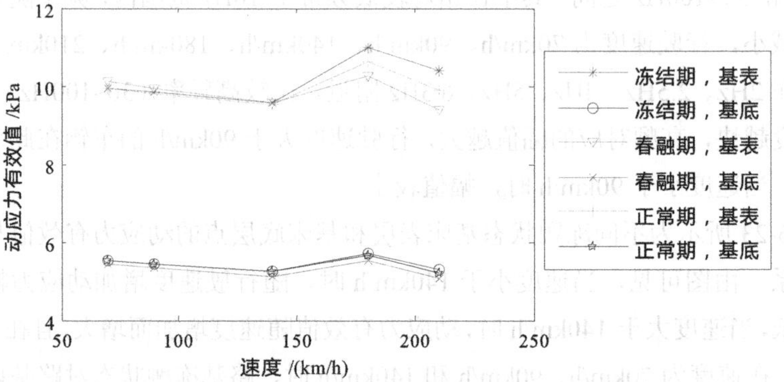

图 6-23 不同冻结时期路基中动应力有效值与列车行驶速度的关系

6.3.2.2 加速度幅频影响

不同行驶速度列车竖向加速度有效值随距线路中心水平距离增加而迅速衰减。由图 6-24 可见，当行驶速度在 70~180km/h 时，列车行驶引起路基各点振动加速度幅值随行驶速度增加而增大，当行驶速度大于 180km/h 时，速度为 210km/h 各点加速度幅值与速度 180km/h 几乎相同，不再增加。

由图 6-25 可见，不同行驶速度条件下，P4 点加速主频在 10~100Hz 范围内加速度幅值较大，且行驶速度越大，与加速度峰值对应的频率越大。

图 6-26 所示为不同冻融状态基床表层和基床底层点的加速度有效值与行驶速度的关系。由图可见，当速度小于 180km/h 时，随行驶速度增加，加速度幅值明显增加；当速度大于 180km/h 时，随速度增加，加速度有效值变化不大。在不同行驶速度下路基冻融状态对路基内动应力影响很明显，冻结期加速度有效值大于正常期，春融期加速度有效值最小。

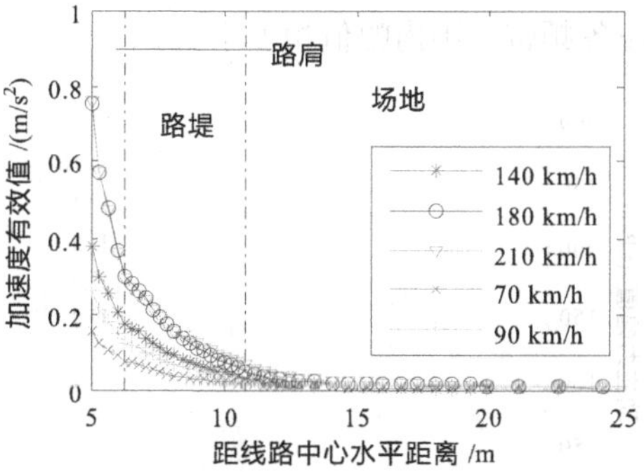

图 6-24 不同行驶速度下加速度有效值沿水平方向衰减曲线

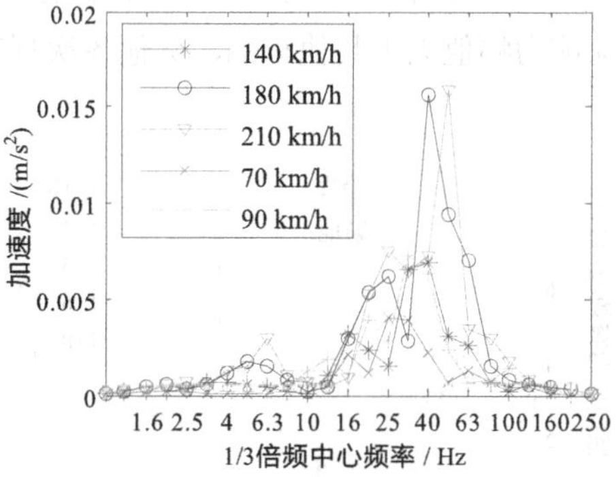

图 6-25 不同行驶速度加速度有效值的 1/3 倍程频谱(P4 点)

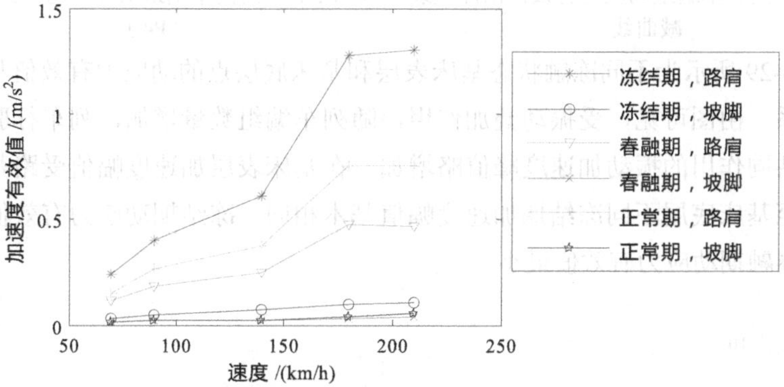

图 6-26 加速度有效值与列车行驶速度的关系曲线

6.3.3 列车编组

采用列车编组形式为 1 节客车机车(NJ2)分别加 4、5、6、8 和 10 节车厢(YZ25)组成 5 种不同列车编组形式，行驶速度为 140km/h，作为列车荷载输入计算模型。分析列车编组对路基内部动应力幅频特性及在深度方向衰减规律，加速度幅频特性及在水平方向衰减规律。

6.3.3.1 动应力幅频影响

图 6-27 所示为不同列车编组竖向动应力有效值沿深度衰减曲线。由图可见，不同列车编组竖向动应力有效值随深度增加而迅速衰减。图 6-28 所示为不同列车编组在 P4 点竖向动应力的 1/3 倍程频谱。由图可见，不同列车编组动应力有 5 个明显频带：1~2Hz、2~10Hz、10~30Hz、30~100Hz 和 100~150Hz。受振动叠加作

用影响，在各频带范围内，列车编组为 1 节客车机车(NJ2)+10 节车厢(YZ25)列车动应力幅值大于其他车辆，其他各次列车在各频带范围内幅值相差不大。

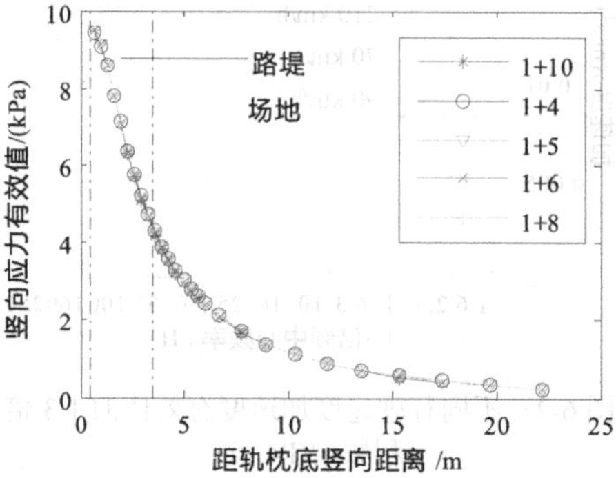

图 6-27 不同列车编组动应力有效值沿深度衰减曲线

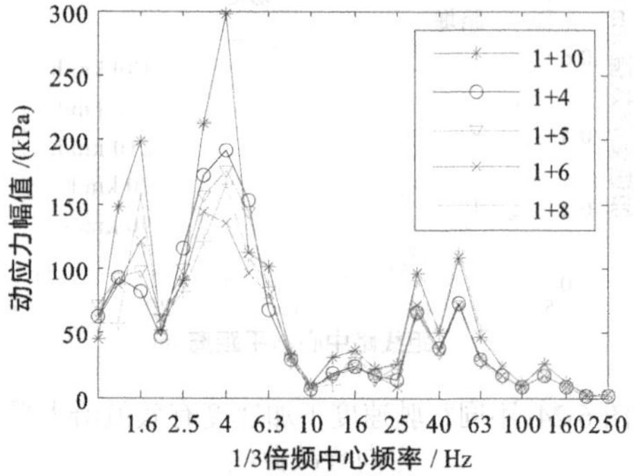

图 6-28 不同列车编组动应力的 1/3 倍程频谱（P4 点）

图 6-29 所示为不同冻融状态基床表层和基床底层点的动应力有效值与列车编组的关系。由图可见，受振动叠加作用，随列车编组数量增加，列车行驶引起多激励点共同作用的振动加速度峰值略增加。在基床表层加速度幅值受路基冻结状影响，至基床底层不同冻结期加速度幅值基本相同。冻结期动应力有效值大于正常期，春融期动应力有效值最小。

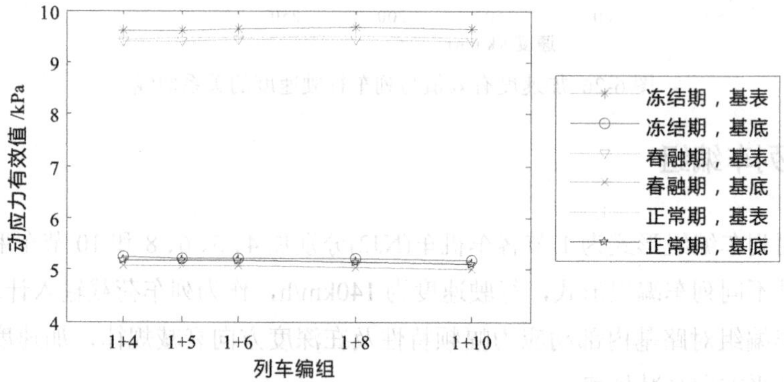

图 6-29 不同冻结期动应力有效值与列车编组的关系曲线

6.3.3.2 加速度幅频影响

由图 6-30 可见，不同编组列车竖向加速度有效值随距线路中心水平距离衰减，对于不同列车车厢数，各点加速度有效值几乎相同。由图 6-31 可见，不同列车编组加速在主频带为 10~100Hz 范围内幅值较大，且 P4 点加速度有效值随车厢数量增加而略增大。

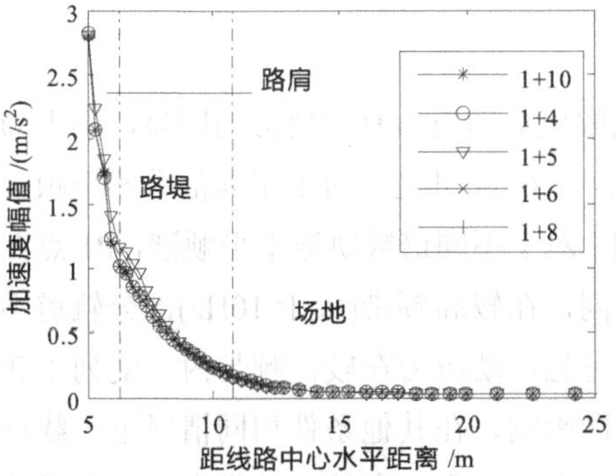

图 6-30 不同列车编组加速度幅值沿水平方向衰减曲线

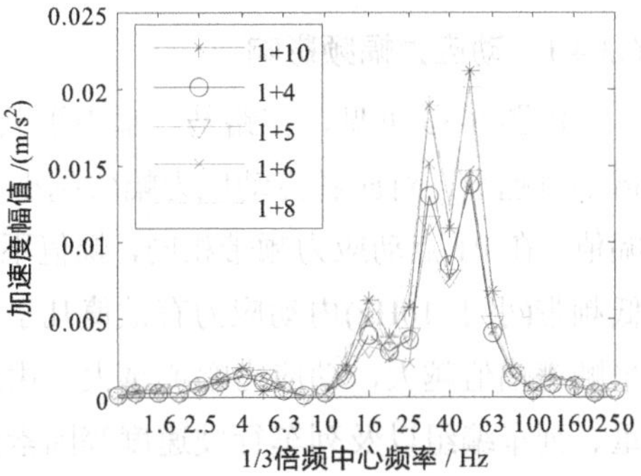

图 6-31 不同列车编组加速度的 1/3 倍程频谱 (P4 点)

由图 6-32 可见，加速度有效值受路基土冻结状态影响明显，在基床表层 P4 点冻结期加速度有效值较正常期大，春融期加速度最小。加速度有效值随深度增加显著降低，不同冻结期在基床底层点加速度有效值相近。对于列车编组对动应力幅值影响，由图可见，加速度有效值总体随车厢数增加略有增大，影响并不显著。

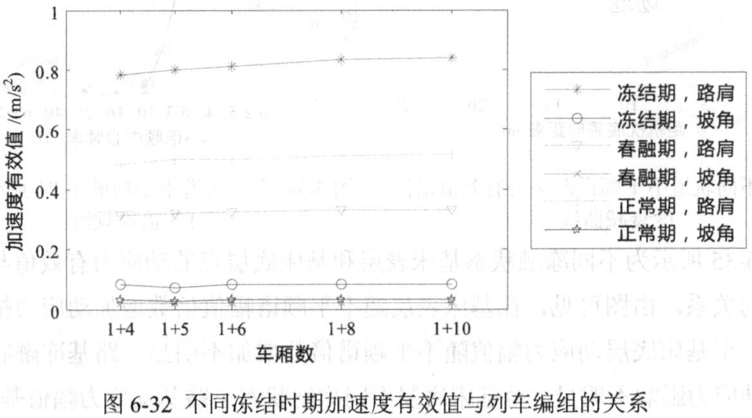

图 6-32 不同冻结时期加速度有效值与列车编组的关系

6.3.4 轨道不平顺谱

采用轨道不平顺谱幅值分别为 0.25 倍、0.5 倍、0.75 倍、1 倍和无不平顺的 5 种不同轨道谱，行驶速度为 140km/h，作为列车荷载输入计算模型。分析轨道不平顺谱幅值对路基内部动应力幅频特性及在深度方向衰减规律，加速度幅频特性及在水平方向衰减规律。

6.3.4.1 动应力幅频影响

由图 6-33 可见，在路基内部不平顺谱幅值对动应力有效值影响明显，不平顺谱幅值越小，对应各点动应力幅值越小。由图 6-34 可见，对于不同倍数不平顺谱幅值，在 P1 点动应力频带相同，幅值不同。对于不同倍数轨道不平顺谱，P1 点在低频带(小于 10Hz)内动应力有效值几乎相同，在较高频带(大于 10Hz)部分轨道不平顺谱幅值越大，动应力幅值越大。由此可见，动应力在较低频带内，受列车载重、列车编组以及列车行驶速度等因素共同影响，在其他条件相同情况下，载重越大，编组数量越多，行驶速度越快动应力幅值越大；在较高频带内，主要受不平顺谱影响，不平顺谱幅值越大，在此范围内动应力幅值越大，当不平顺谱为 0 时，此范围内动应力幅值接近 0。

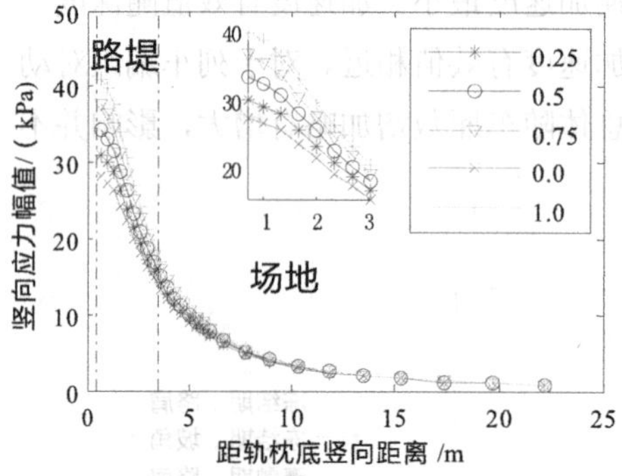

图 6-33 不同轨道不平顺谱动应力有效值沿深度衰减曲线

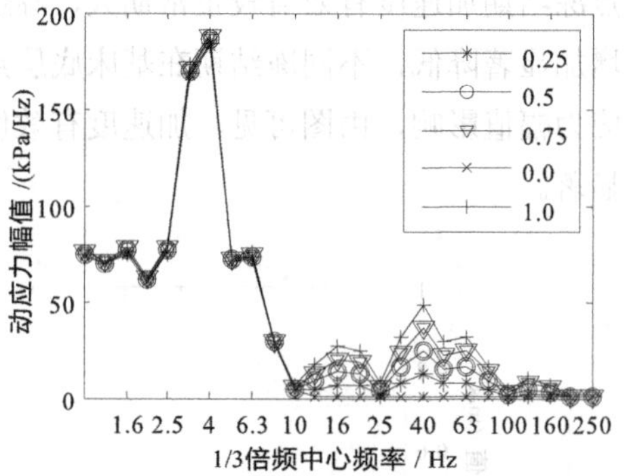

图 6-34 不同轨道不平顺谱在 P1 点动应力的 1/3 倍程频谱

图 6-35 所示为不同冻融状态基床表层和基床底层点的动应力有效值与不平顺谱幅值的关系。由图可见，在基床表层随不平顺谱幅值倍数增加动应力幅值呈线性增加，至基床底层动应力幅值随不平顺谱倍数增加不明显。路基冻融状态对基床表层动应力影响不明显，至基床底层不同冻结状态下路基动应力幅值基本相同。

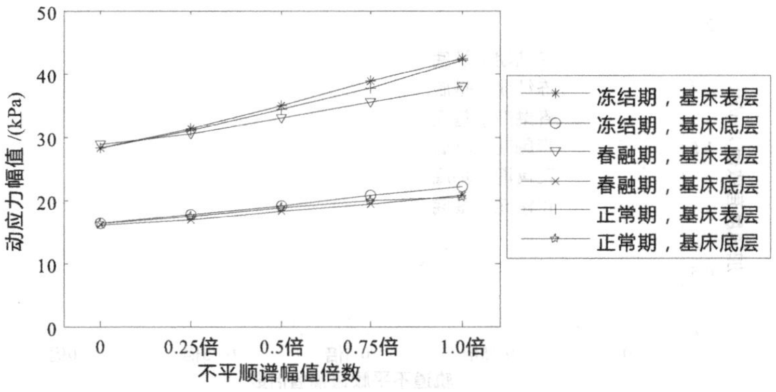

图 6-35 动应力有效值与轨道不平顺谱幅值的关系

6.3.4.2 加速度幅频影响

由图 6-36 可见，在路基内部轨道不平顺谱幅值对加速度有效值影响明显，不平顺谱幅值越小，对应各点加速度有效值越小。由图 6-37 可见，对于不同倍数不平顺谱幅值，在 P1 点动应力频带相同，幅值不同。在低频带范围 2~10Hz 内，P1 点加速度幅值相差不大，在中频带范围内(10~100Hz)，P1 点加速度幅值随不平顺倍数减小而明显减小，在无不平顺幅值时，其在此范围内的加速度幅值几乎为 0，由此可见，轨道不平顺是车辆和轨道系统振动的主要激励源。

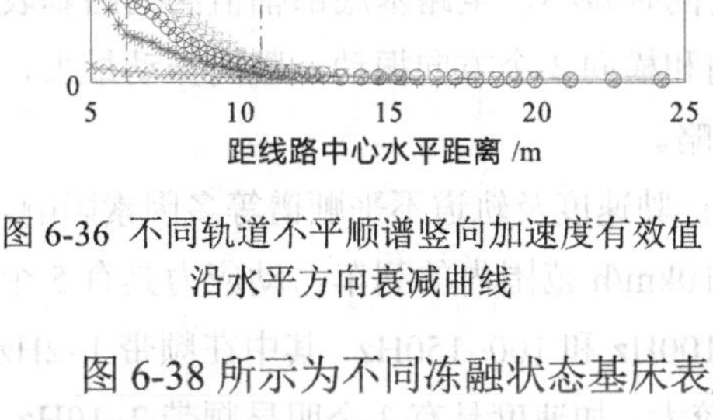

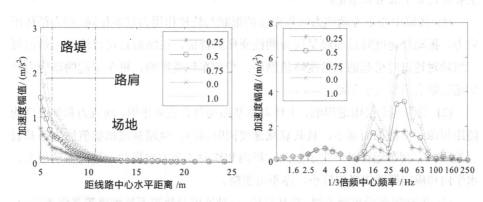

图 6-36 不同轨道不平顺谱竖向加速度有效值沿水平方向衰减曲线

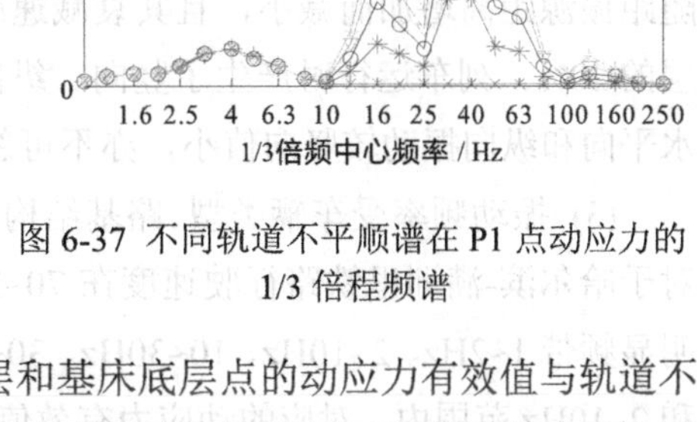

图 6-37 不同轨道不平顺谱在 P1 点动应力的 1/3 倍程频谱

图 6-38 所示为不同冻融状态基床表层和基床底层点的动应力有效值与轨道不平顺谱的关系。由图可见，对于 P4 点，加速度幅值与轨道不平顺谱倍数成线性增加；轨道不平顺谱倍数越大，加速度幅值越大，且受冻基冻融状态越明显。

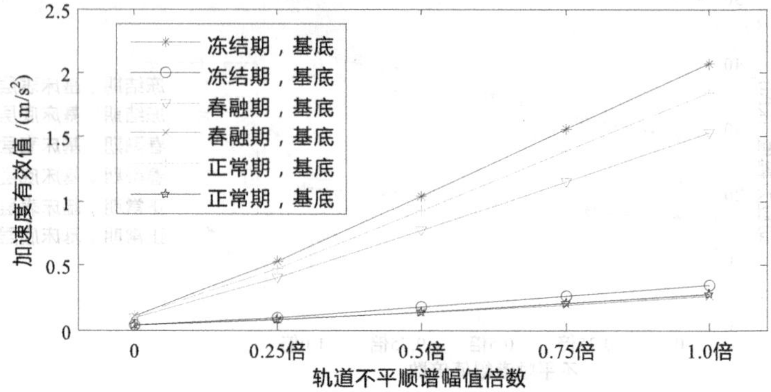

图 6-38 加速度有效值与轨道不平顺谱幅值倍数的关系

6.4 本章小结

本章基于前文所建立的季节冻土区铁路路基三维有限元模型，分析列车行驶引起铁路路基内部及周围环境的动力响应特性，对列车荷载作用下，路基的动应力、加速度幅频特性及幅值衰减规律等进行了深入研究。通过设定不同工况，分析列车类型、行驶速度、列车编组和轨道不平顺谱等对路基动力响应特性的影响。主要获得如下成果和结论：

(1) 线路中心下方动应力时程曲线的形状与轨枕作用力基本相同，均为循环压应力。振动加速度时程曲线呈现周期性变化的特征，在路肩点可以清晰分辨出每一组轮对通过时引起的加速度峰值循环。受列车轴重影响，机车引起的动应力和加速度幅值明显大于车厢。

(2) 受路基土层阻尼影响，土体对路基振动具有衰减作用，动应力和加速度均随距振源距离增加而减小，且其衰减速度同时减小，至路基底部幅值约为路基表层的 20%。列车运行时产生了竖向、纵向和横向 3 个方向振动，竖向振动最大，水平向和纵向振动较竖向值小，亦不可忽略。

(3) 振动频率受车辆类型、路基结构、行驶速度及轨道不平顺谱等多因素影响。对于哈尔滨-满洲里铁路行驶速度在 70~210km/h 范围内的列车，动应力具有 5 个明显频带 1~2Hz、2~10Hz、10~30Hz、30~100Hz 和 100~150Hz。其中在频带 1~2Hz 和 2~10Hz 范围内，对应的动应力有效值较大。加速度具有 3 个明显频带 2~10Hz、10~100Hz 和 100~150Hz，其中在 10~100Hz 频带范围内加速度幅值较大。

(4) 路基冻融状态对于加速度的影响较动应力明显，振动加速度幅值在冻结期最大，在正常期次之，在春融期最小。这是由于在冻结期路基表层冻结，刚度增大，阻尼比减小，因此与正常时期相比加速度增加；而在春融期，存在冻结夹层，路基表层融化，刚度减少，阻尼比增加，因此加速度比冻结期时减小。

(5) 列车类型对动应力影响明显，受列车轴重和载重影响，C75 和 C62A 动应力有效值明显大于 C62AK 和 YZ25，至路基底层，动应力幅值快速衰减，各类型车辆动应力有效值相差减小。加速度幅值受列车类型的一定影响，与其他车型相比，YZ25 加速度幅值较小。

(6) 对于哈尔滨-满洲里铁路，当行驶速度小于 140km/h 时，随行驶速度增加动应力幅值小幅降低，当速度大于 140km/h 时，动应力有效值随速度增加而增大，且在 180km/h 处最大。动应力受路基冻融状态影响明显，在相对较低频带 1~2Hz 和 2~10Hz 范围内，频率随行驶速度增大而减小，在较高频率 30~100Hz 范围内，行驶速度越快，高频对应的幅值越大。对于振动加速度，速度小于 180km/h 时，行驶速度越快加速度幅值越大，当速度大于 180km/h 时，加速度幅值变化不大。

(7) 列车编组对动应力幅值影响不明显，当行驶速度为 140km/h 时，在频带 1~2Hz 范围内，基床表层点动应力有效值随车厢数量增加而增大。对于振动加速度，不同列车编组加速的主频带为 30~100Hz，且在该范围内，路肩点加速度有效值随车厢数量增加而略增大。

(8) 轨道不平顺谱对路基振动特性具有显著影响，随着不平顺谱倍数增加，路基振动加速度幅值近似呈线性增长。对于动应力，不同倍数不平顺谱动应力频带相同，幅值不同，在相对较高频带(大于 10Hz)，部分轨道不平顺谱幅值越大，动应力有效值越大。

第 7 章 深季节冻土区列车荷载下路基永久变形

永久应变是指长期循环动荷载作用下土体产生的不可恢复的应变，是衡量土体在循环动荷载作用下产生永久变形的有效量值之一。在轨道交通荷载长期作用下，路基的永久变形是决定路基稳定性的关键因素。季节冻土区铁路路基永久变形受温度变化与列车行驶振动荷载的共同作用，永久应变与路基随季节变化的冻融状态直接相关。然而，针对深季节冻土地区铁路路基在列车荷载作用下路基的永久变形研究罕见报道。

本书在总结分析现有土体永久应变模型基础上，基于长期轨道交通荷载下的动三轴试验与室内固结不排水三轴试验，提出长期列车荷载下的路基冻融土永久应变模型；结合第 5 章所建立的深季节冻土区三维铁路路基动力响应模型，并考虑路基冻融状态，建立长期列车荷载下路基永久变形的计算方法，计算了不同冻结时期列车类型、行驶速度和路基厚度等因素对深季节冻土区长期列车荷载作用下路基永久变形，进而定量分析了不同冻结时期列车类型、轴重、行车速度及路基厚度对永久变形的影响，为进一步评价深季节冻土区铁路路基动力变形稳定性提供基础。

7.1 铁路路基永久应变模型建立思路

本书中铁路路基永久应变模型建立采用力学与经验法相结合的方法，即首先通过数值计算方法获得轨道交通荷载下路基土体的动应力水平；然后应用由室内试验建立的轨道交通荷载作用下永久变形模型预测路基动力永久变形。可见该方法建模过程中充分考虑了土体受力特性，且模型参数源于室内动三轴试验易于计算获得[149]。

长期列车循环荷载下土体的永久应变与土体自身物理性质密切相关的同时，受加载幅值、荷载频率、加载次数以及围压等加载条件影响明显。尤其针对季节冻土区铁路路基随季节变化反复冻融，如用土体静强度来描述与土体自身物理性质密切相关的因素对路基长期变形性能的影响，可使问题得以简化。因此，吸收 Li 模型[174]的优点，引入应力比的概念：

$$S = q_{\mathrm{d}} / q_{\mathrm{f}} \tag{7-1}$$

式中：q_{d} 为动偏应力，对于常规动三轴试验而言，$q_{\mathrm{d}} = \sigma_{\mathrm{d}}$；$q_{\mathrm{f}}$ 为土体破坏

时的静偏应力（静强度）。

深季节冻土区铁路路基在长期列车荷载下，路基永久应变预测模型的建立步骤如下：

(1) 首先，基于固结不排水三轴压缩试验，确定不同温度下土体的固结不排水静强度，为获得路基动静应力比提供数据。

(2) 基于长期列车荷载下冻土动三轴试验，进行不同温度条件和不同循环荷载幅值下土体永久应变试验，研究不同温度条件下循环荷载次数与轴向永久应变的关系。

(3) 在(1)和(2)测试结果的基础上，确定路基土在某一温度下对应的试件应力比，以循环荷载次数为因变量，建立长期列车荷载下路基土永久应变模型，如式(7-2)。

$$\varepsilon_p = f\left(N, S\right) \tag{7-2}$$

式中：ε_p 为永久应变；N 为循环荷载作用次数；S 为长期列车荷载下动三轴试验中试件的应力比，由式（7-1）计算。

7.2 长期动力荷载作用路基永久应变模型

7.2.1 路基土固结不排水压缩试验

7.2.1.1 试验概况

路基土固结不排水压缩试验旨在提供试件静强度，为获得路基动静应力比提供数据。与路基土永久应变试验对应，本次试验分别进行了不同负温（+1℃、-2℃、-4℃、-6℃）条件下的路基土的三轴固结不排水压缩试验(CU)。

土样仍选用典型深季节冻土区铁路路基沿线分布较广的粉质黏土。试验加载设备采用中国科学院寒旱所冻土工程国家重点实验室 MTS-810 型三轴材料试验机。试样制备方法同 3.1.3 小节所述，试件达到设定温度且整体温度均匀一致后，放进三轴恒温压力腔中等压固结 2h 后，依据三轴压缩试验规程(SL237-017-1999)进行测试，当轴向应变达到 15%时认为其破坏且停止试验加载，试验中控制轴向应变加载速率为 2mm/min。

7.2.1.2 结果分析

图 7-1 所示为围压为 0.3MPa，含水率为 16.8%的土样在不同负温条件下路基土的轴向应变与主应力差关系曲线。由图可见，①路基土轴向应变与主应力

差之间的关系符合双曲线模型，随着轴向应变的增加，主应力差先迅速增加，后变化逐渐缓慢；②当轴向应变为 0~5%时，随轴向应变的增加主应力差快速增加，当轴向应变大于 5%时，主应力差增加缓慢，随后主应力差略有下降；③随负温的降低，主应力差显著增加；当负温从-2℃降至-4℃和-6℃，路基土破坏时主应力差增加了 20%左右，+1℃土体主应力差最小，可见土体的冻融状态与负温对路基土体主应力差影响明显。

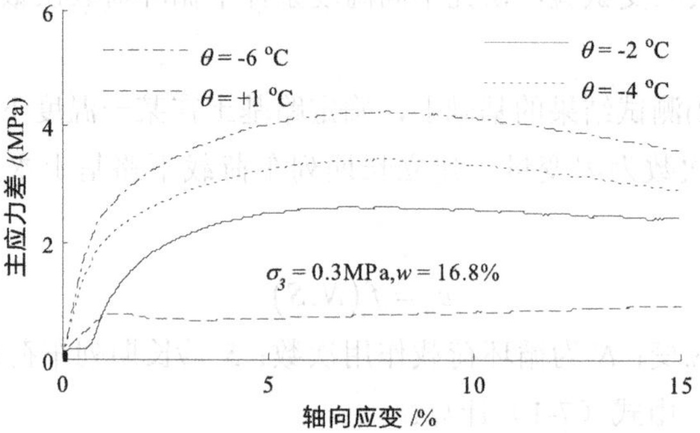

图7-1 不同负温下路基土轴向应变与主应力差的关系曲线

表 7-1 所示为路基土不同负温条件下破坏时主应力差统计表，可以看出，在 -2℃、-4℃、-6℃下对应的峰值强度分别为 1.312MPa、1.72MPa 和 2.127MPa。分析原因可见，冻土的力学性质受温度的作用非常明显，温度的高低，不仅决定土的冻融状态，同时决定不同冻融状态下土的力学性质，随着负温的降低，冻土的强度与刚度明显增加。

表 7-1 路基土固结不排水试验结果

试件编号	温度 /℃	含水量 w/%	围压 σ_3/kPa	破坏时主应力差 $\sigma_1-\sigma_3$/kPa
JFN-01	−2	16.8	300	1312
JFN-02	−4	16.8	300	1720
JFN-03	−6	16.8	300	2127

7.2.2 冻土路基土动永久应变试验

7.2.2.1 试验概况

(1) 长期列车荷载加载方式。冻土永久应变试验加载方式为只施加一级循环振动荷载，该级荷载取自冻土动力学参数试验分级加载中的某一级荷载进行加载，以便于进行比较。振动荷载为正弦波荷载，加载过程中幅值和频率保持不变，如图 7-2 所示。终止标准为持续施加荷载直至试件达到所设定的试件破坏标准，或设定的加载次数后终止加载。

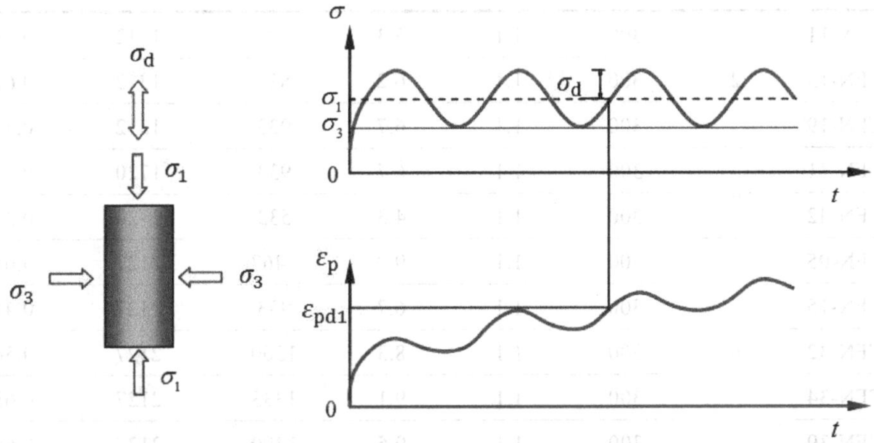

图 7-2 永久应变试验中动荷载加载方式

(2) 试件控制条件。试验土样来源于典型深季节冻土区铁路沿线分布较广的粉质黏土，试样的制备方法与试验仪器性能见动力学参数试验部分，不再赘述。试件达到设定温度且整体温度均匀一致后，放进三轴恒温压力腔中等压固结，控制围压为 0.3MPa，固结时间为 2h。完成固结后，依据三轴压缩试验规程(SL237-017-1999)，按图 7-2 所示方法施加等幅动荷载。考虑到为了模拟列车荷载，控制加载频率为 4Hz，荷载循环作用次数至少 10 000 次，或试件轴向动态应变达到 15%终止试验。冻土永久应变试验针对 3 种不同温度（−2℃、−4℃和−6℃）试件，分别施加等幅循环动荷载，直至达到试验终止条件。长期列车荷载下路基土永久应变试验控制条件见表 7-2。

表7-2 长期列车荷载下路基土永久应变试验控制条件

试件编号	温度 /℃	围压 /kPa	$F_{1\min}$ /kN	$F_{1\max}$ /kN	动荷载幅值 /kPa	CU 静强度 (σ_3=300kPa) /kPa	应力比
CFN-11	-2	300	1.1	5.3	700	1312	0.53
CFN-13		300	1.1	6.2	833	1312	0.63
CFN-19		300	1.1	6.7	933	1312	0.71
CFN-31	-4	300	1.1	6.7	933	1720	0.54
CFN-42		300	1.1	4.3	533	1720	0.31
CFN-05	-6	300	1.1	9.9	1467	2127	0.68
CFN-15		300	1.1	6.7	933	2127	0.44
CFN-32		300	1.1	8.3	1200	2127	0.56
CFN-34		300	1.1	9.1	1333	2127	0.63
CFN-39		300	1.1	9.5	1400	2127	0.66

7.2.2.2 结果分析

动永久应变是动应力作用停止后土体残留的应变值，其计算方法为在动三轴试验中，振动荷载施加前后试样的高度差与荷载施加前试样初始高度之比。据此，用 MATLAB7.0 分析试验数据得到不同负温和不同动力幅值条件下，动永久应变与振次关系曲线如图 7-3 所示。由图可见，在加载初期冻土的累积塑性应变随振次的增加而快速增加，当振动次数超过一定值后，累积塑性应变与振次关系曲线趋于平缓，具体分析如下。

当温度为-2℃、-4℃和-6℃时，不同动荷载幅值下路基土永久应变与荷载作用次数的关系曲线如图 7-3 所示。由图可见，动荷载幅值对路基土在长期循环荷载作用下的永久应变有显著影响。受动荷载幅值大小影响，永久应变与荷载作用次数的关系曲线可划分为衰减型、非衰减型及临界状态。以-6℃为例，当动荷载幅值小于 1.4MPa 时，随着荷载次数的增加，永久应变将趋于不变，即对应于 Niekerk 模型中的 A 类；当动荷载幅值大于或等于 1.4MPa 时，随着加载次数的增加，其永久应变呈增加趋势，即对应于 Niekerk 模型中的 C 类；界于 A 和 C 之间动荷载幅值为 1.53MPa，对应于 Niekerk 模型中的 B 类。分析不同负温条件下冻土动永久应变与振次之间关系曲线，以动荷载幅值为 0.93MPa 为例，对于

−2℃，累积塑性应变在 10 000 次时达到 5.5%，永久应变呈增加趋势；而对于−4℃和−6℃，累积塑性应变分别为 1.8%和 1.5%，永久应变将趋于恒定不变值。

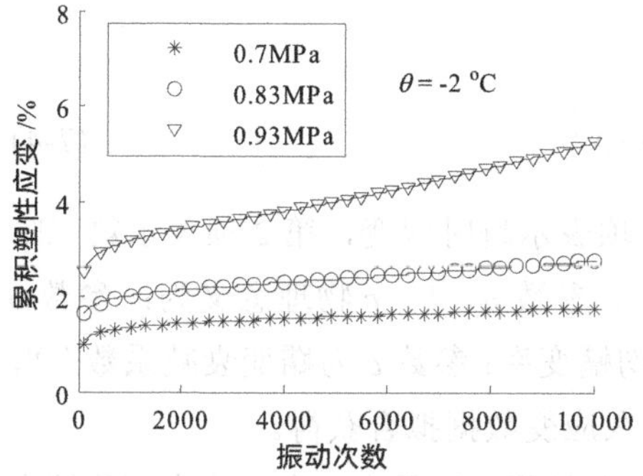

(a) -2℃

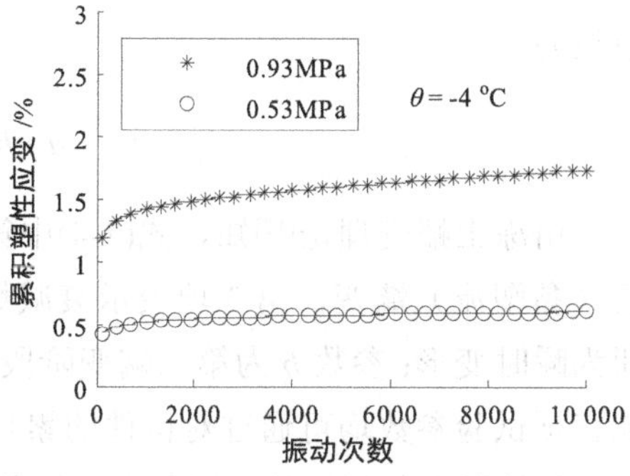

(b) -4℃

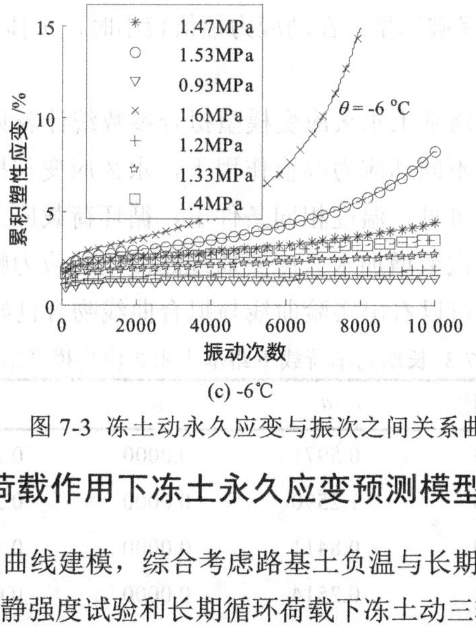

(c) -6℃

图 7-3 冻土动永久应变与振次之间关系曲线

7.2.3 长期动力荷载作用下冻土永久应变预测模型

本书针对稳定型曲线建模，综合考虑路基土负温与长期列车荷载联合作用，基于三轴固结不排水静强度试验和长期循环荷载下冻土动三轴试验，确定路基土同一负温条件下对应的试件应力比，以循环荷载作用次数为因变量，建立长期列车荷载下冻融路基土永久应变模型。基于室内试验、参考文献[106]，应用 Mablab 回归分析方法建立季节冻土区铁路路基冻结粉质黏土在长期振动荷载作用下的永久应变模型：

$$\varepsilon_{pd} = a + bN + cN^{d} \tag{7-3}$$

式中：ε_{pd} 为轴向永久应变；N 为循环动应力振动次数；a、b、c、d 分别为与负温、动应力幅值、围压及振动次数有关的模型参数。参考文献[67]中方法，对拟合参数影响因素进行分析，取 d=1/6 为定值。故此，本试验采用的振陷预测模型为：

$$\varepsilon_{pd} = a + bN + cN^{\frac{1}{6}} \tag{7-4}$$

由冻土蠕变理论[12]知，式(7-4)中第 1 项表示瞬时应变，第 2 项表示第二阶段（黏塑流）蠕变，第 3 项表示衰减蠕变。参数 a、b、c 物理意义为：参数 a 即为瞬时变形；参数 b 为第二蠕变阶段平均蠕变率；参数 c 为蠕变衰减系数[106]，此三项试验参数均可通过对试件的累积永久应变数据拟合获得。

从长期列车荷载下路基土的永久应变试验结果可以看出，在动应力幅值较大时（对于−2℃，动应力幅值为 0.93MPa；对于−6℃，动应力幅值大于 1.4MPa），土体的永久应变曲线呈破坏型；在动应力幅值较小时，土体的永久应变曲线呈稳定型。

长期列车荷载下路基土永久应变模型拟合参数统计表见表 7-3。图 7-4 所示为不同负温条件下，不同动应力幅值作用下，永久应变与振次关系的试验值与拟合曲线对比。由图可见，温度相同条件下，循环荷载应力幅值越大，相应的应力比越大，随振动次数增加永久应变曲线越陡峭；应力幅值越小，永久应变曲线越平缓。从图中可以看出实验曲线与拟合曲线吻合良好，拟合精度高。

表 7-3 长期列车荷载下路基土永久应变模型拟合参数

试件编号	应力比	a	b	m	R
Chfn-11	0.53	0.5971	0.0000	0.2288	0.9988
Chfn-13	0.63	1.2590	0.0000	0.2153	0.9978
Chfn-31	0.54	0.8411	0.0000	0.1753	0.9985
Chfn-42	0.31	0.2514	0.0000	0.0820	0.9984
Chfn-15	0.44	0.3959	0.0000	0.2311	0.9987
Chfn-32	0.56	0.5666	0.0000	0.2564	0.9986
Chfn-39	0.66	1.3116	0.0001	0.2381	0.9981
Chfn-11	0.53	0.5971	0.0000	0.2288	0.9988

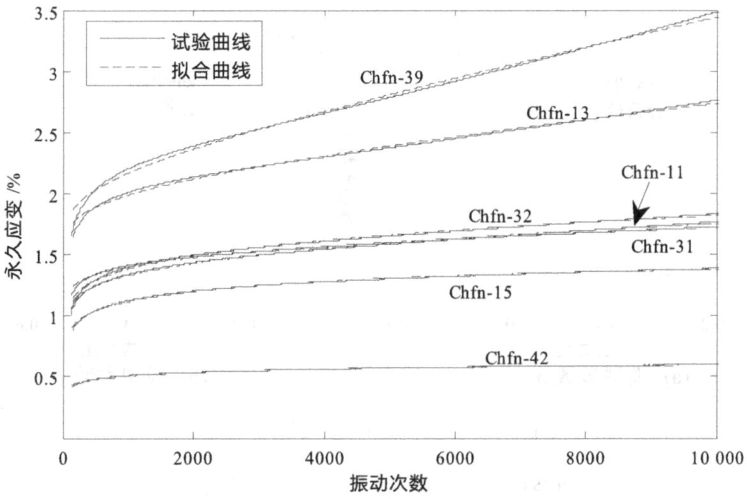

图 7-4 永久应变试验曲线与预测模型拟合曲线对比

图 7-5 所示为长期列车荷载下路基土永久应变模型参数 a、b 和 c 与应力比 S 之间的关系曲线。由图可见，随着试件应力比增加，模型参数均增加。由此可见，随着应力比增大，试件瞬时变形，第二蠕变阶段平均蠕变率以及蠕变衰减系数均为增加趋势。当应力比小于 0.5 时，随应力比增加模型参数 a、b 增加缓慢，当应力比大于 0.5 后，随应力比增加，模型参数迅速增加。模型参数 a、b 和 c 与应力比 S 之间的拟合关系见式(7-5)。

$$\begin{aligned} a &= 0.1328 + 0.0131\mathrm{e}^{S/0.145} && (R = 0.9584) \\ b &= -2.835\mathrm{e}-6 + 1.5623\mathrm{e}-7\mathrm{e}^{S/0.1027} && (R = 0.8045) \\ c &= -1.003\mathrm{e}4 + 1.003\mathrm{e}4\mathrm{e}^{S/2.703\mathrm{e}4} && (R = 0.7415) \end{aligned} \tag{7-5}$$

至此，基于室内三轴固结不排水静强度试验和长期循环荷载下冻土动三轴试验，建立长期列车荷载下冻融路基土永久应变模型已完成。可通过输入某一温度下路基土应力比，确定预测模型参数 a、b 和 c。以循环荷载作用次数为因变量，获得路基永久应变，为下一步求积累永久变形做准备。

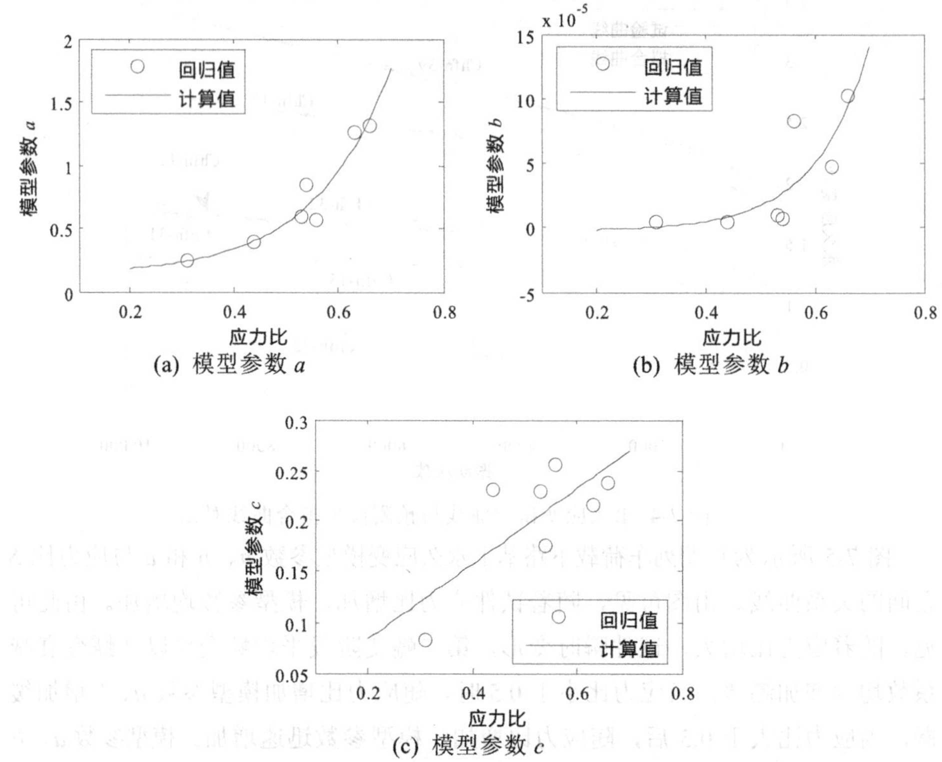

(a) 模型参数 a　　(b) 模型参数 b

(c) 模型参数 c

图7-5 模型参数a、b和c与应力比S的关系

7.3 长期动力荷载作用路基永久变形计算

7.3.1 路基永久变形计算方法

基于室内冻土动力学试验建立的长期列车荷载下路基冻融土永久应变模型，以应力比为关联，计算深季节冻土区铁路路基模型在长期列车荷载下，路基内各单元永久应变随荷载作用次数的发展；进而采用分层总和法原理，逐步累加得到路基顶面的永久变形。在文献[181, 182]基础上，提出本书路基永久变形计算方法，具体步骤如下：

(1) 采用式(7-6)计算路基土体破坏时的静偏应力（静强度）q_{f}分布。

$$q_{\mathrm{f}} = 2\tau_{\mathrm{f}} \tag{7-6}$$

式中：τ_{f}为不排水抗剪强度。

假设路基土体为非线性弹性模型，采用前文建立的铁路路基有限元模型计算自重应力作用下，铁路路基自重应力场。通过式(7-7)计算土体破坏时的静偏应力（静强度）q_f 分布[192]。

$$q_{\mathrm{f}}=2\tau_{\mathrm{f}}=\frac{2c_{\mathrm{cu}}\cos\varphi_{\mathrm{cu}}}{1-\sin\varphi_{\mathrm{cu}}}+\sigma_{\mathrm{cz}}\frac{(1+K_0)\sin\varphi_{\mathrm{cu}}}{1-\sin\varphi_{\mathrm{cu}}} \tag{7-7}$$

式中：K_0 为土的侧限系数；c_{cu} 为土的固结不排水试验(CU)确定的黏聚力；φ_{cu} 为土的固结不排水试验(CU)确定的内摩擦角；σ_{cz} 为土体自重应力。

(2) 计算土体动偏应力 q_{d} 分布。假定土体为黏弹性的等效线性化模型，基于动力有限元计算列车荷载下欠缺路路基模型动主应力分布，并采用式(7-8)计算路基的动偏应力。

$$q_{\mathrm{d}}=\sqrt{3J_2}=\sqrt{\frac{1}{2}\left[(\sigma_{\mathrm{d1}}-\sigma_{\mathrm{d2}})^2+(\sigma_{\mathrm{d2}}-\sigma_{\mathrm{d3}})^2+(\sigma_{\mathrm{d3}}-\sigma_{\mathrm{d1}})^2\right]} \tag{7-8}$$

式中：$\sqrt{J_2}$ 为列车荷载作用下第二动偏应力不变量；σ_{d1}、σ_{d2} 和 σ_{d3} 分别为列车荷载作用产生的土体第一、第二和第三动主应力。

(3) 计算土体应力比 S 分布。由(1)和(2)所得的铁路路基单元的静偏应力与动偏应力结果，代入式(7-1)计算列车荷载下铁路路基有限元模型应力比分布，确定各个单元的最大应力比。

(4) 计算长期列车荷载下铁路路基永久变形 D_{p}。在已知荷载作用次数 N 和单元最大应力比的情况下，按式(7-3)和(7-4)确定铁路路基有限元模型每一单元引起的永久应变。基于分层总和原理，按式(7-9)分层累加形成路基表面永久变形。

$$D_p=\sum_{i=1}^{k}\varepsilon_{\mathrm{dp}i}h_i \tag{7-9}$$

式中：h_i 为第 i 个土体单元厚度；$\varepsilon_{\mathrm{dp}i}$ 为第 i 个土体单元产生的永久应变。

7.3.2 路基永久变形的计算

如前所述，首先基于第 5 章建立的深季节冻土区铁路路基有限元模型，可以获得自重应力作用下路基土体的静强度分布和列车荷载下路基动偏应力分布；每一个单元静强度与动偏应力比值即为单元的应力比；将应力比值代入式(7-3)和式(7-4)，通过永久应变模型获得各单元永久应变；最后应用分层总和法，采用式(7-9)在路基厚度方向进行积分，计算列车荷载下路基永久变形。

以特快客车 T507 为例，行驶速度为 140km/h，列车编组为 1+10，在春融期线路中心正下方应力比与埋深关系如图 7-6 所示。可以看出，在距路基表面一定深度范围内，应力比随埋深先增大后减小。这是由于在路基较浅处，受围压与列车载重影响，静偏应力较小，动偏应力较大；至一定埋深后，随着静偏应力逐渐增加，应力比呈现总体衰减趋势。在同一路基结构层内，应力比随埋深的增加逐渐衰减，由于各土层结构不同，静偏应力与动偏应力亦不同，因此在分界面处产生应力比突变。荷载次数与永久应变的关系如图 7-7 所示，在深度 0.67m、1.33m 和 2.0m 处最大永久应变分别为 11%、10%和 8%。可见由于动应力比在每一路基结构层内的动偏应力随埋深增加而逐渐减小，因此，永久应变随深度增加亦逐渐减小，且随深度增加衰减速率减小。

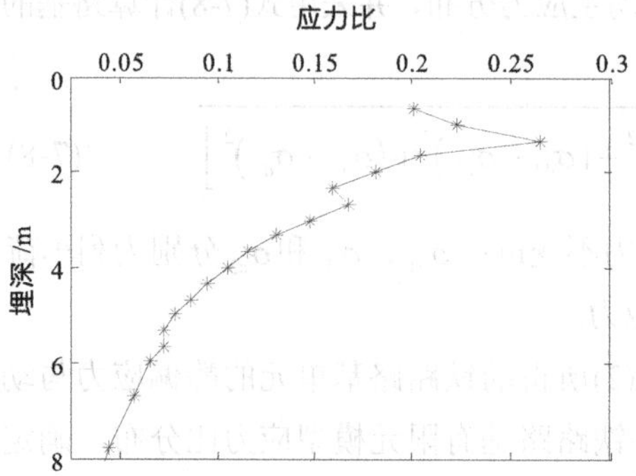

图7-6 应力比与埋深的关系

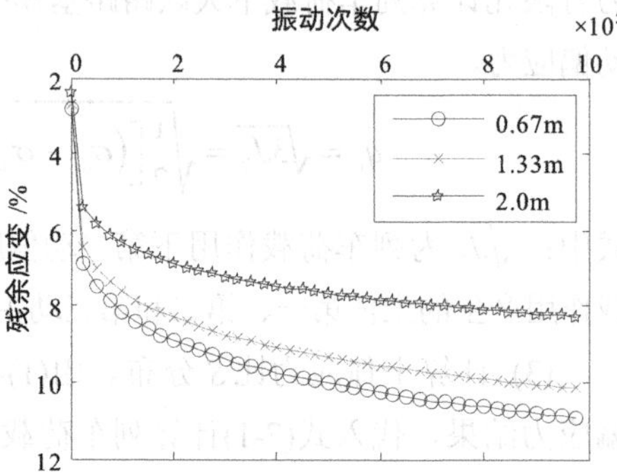

图7-7 荷载次数与永久应变的关系

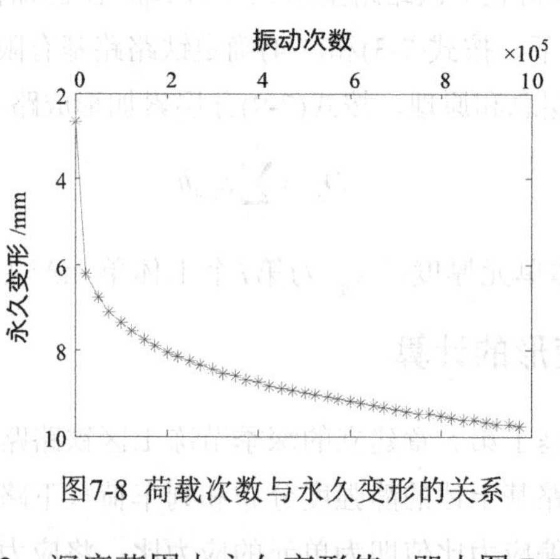

图7-8 荷载次数与永久变形的关系

图 7-8 所示为在 2m 深度范围内永久变形值，即由图 7-7 永久应变在深度范围内积分所得。在初始阶段，永久变形迅速增加，随着荷载次数的增加，土体得到进一步的密实，长期列车荷载下永久变形增加趋势变缓。在振动次数达 100 万次时，2m 深度范围内永久变形值约为 10mm。

7.4 路基永久变形影响因素分析

7.4.1 季节影响

由深季节冻土区铁路路基温度场有限元模型对温度场的模拟结果可见，大庆深季节冻土区最大冻结深度为 1.8~2.0m，本书中取计算厚度为最大冻结深度 2m。在冻结期，计算厚度 2m 均为冻结土层；春融期时，基表以下 1m 为融化层，基表以下 1~2m 范围为冻结夹层；在正常期 2m 均为非冻土层。

按上述方法，计算在不同冻结期线路中心正下方应力比与埋深的关系如图 7-9 所示。三个季节均在距路基表面深度为 1.7m 附近，应力比达到最大值，由于春融期路基土的静强度较正常期低，应力比较高；而在冻结期，静偏应力相对较大，故应力比较小。

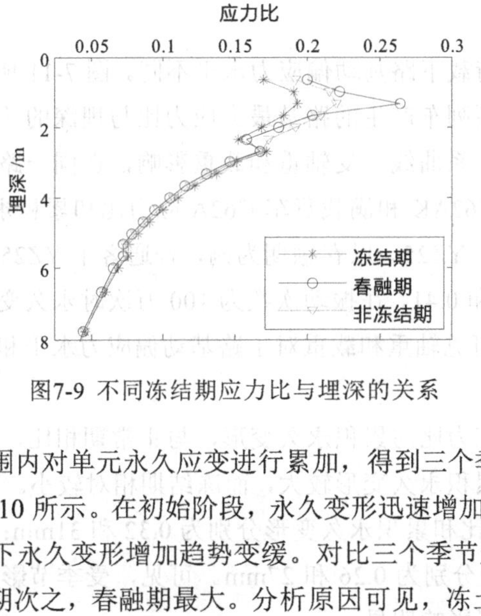

图7-9 不同冻结期应力比与埋深的关系

在一定深度范围内对单元永久应变进行累加，得到三个季节荷载次数与永久变形的关系如图 7-10 所示。在初始阶段，永久变形迅速增加，随着荷载次数的增加，长期列车荷载下永久变形增加趋势变缓。对比三个季节永久变形，冻结期永久变形最小，正常期次之，春融期最大。分析原因可见，冻土的力学性质受温度作用明显，土的冻融状态直接影响土的物理力学性质，随着负温的降低，冻土的强度和刚度增加，抵抗变形能力增强；而在春融期，由于同时存在融化表层与冻结夹层，其永久变形由此两部分共同组成。由于融化层下部土体仍处于冻结状态，融化层产生的水分无法及时从底部排出，路基表面的融化层强度和刚度降低，抵抗变形能力随之降低，融化层产生的永久变形较正常期大，而其下部冻结层产生的永久变形较正常期小，因此，融化层与路基内冻结夹层永久变形之和与正常期相差不多。

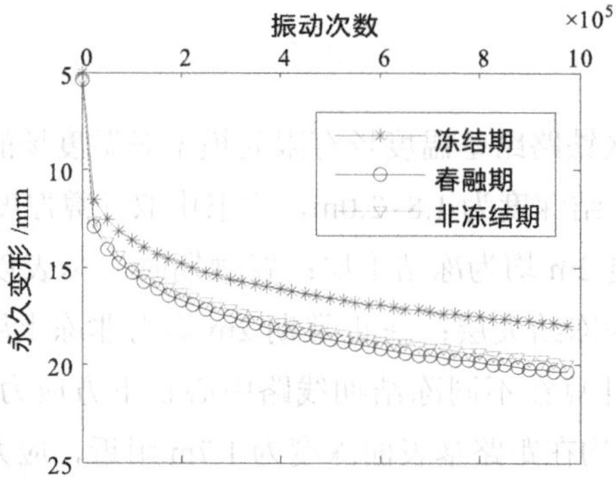

图7-10 不同冻结期荷载次数与永久变形的关系

7.4.2 列车类型

不同类型列车荷载下路基动偏应力水平不同。图 7-11 所示为冻结期、春融期和正常期不同类型列车产生的路基最大应力比与埋深的关系曲线、荷载次数与累积永久变形的关系曲线。受轴重和载重影响，在同一路基深度处大轴重货车 C75、空载货车 C62AK 和满载货车 C62A 应力比和累积永久变形几乎相同，且明显大于普通客车 YZ25。以春融期为例，普通客车 YZ25 和大轴重货车 C75 应力比分别为 0.23 和 0.41，在振动次数为 100 万次时永久变形分别为 22mm 和 32mm，相差 31%，可见轴重和载重对于路基动偏应力水平和累积永久变形影响比较显著。

对比三个季节应力比与累积永久变形，与正常期相比，春融期路基融化层内产生的应力比和累积永久变形较大，而冻结期相对较小。大轴重货车 C75 为例，在正常期大应力比和累积永久变形分别为 0.32 和 31mm；春融期分别为 0.41 和 33mm；而冻结期分别为 0.26 和 27mm。可见，受季节影响的路基冻融状态对动力比与永久变形影响明显。

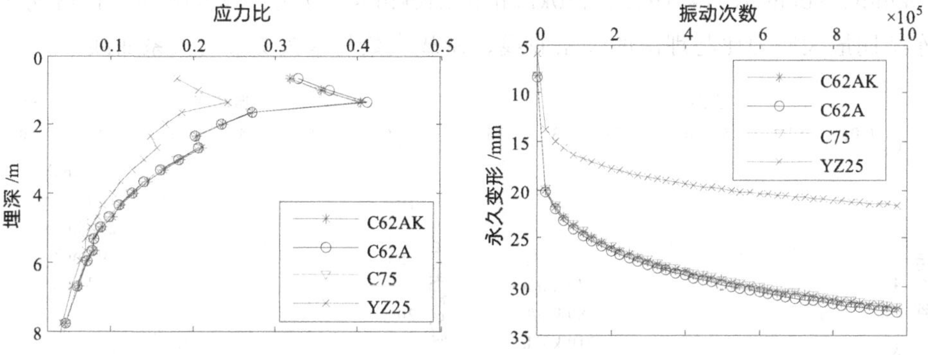

(a) 春融期

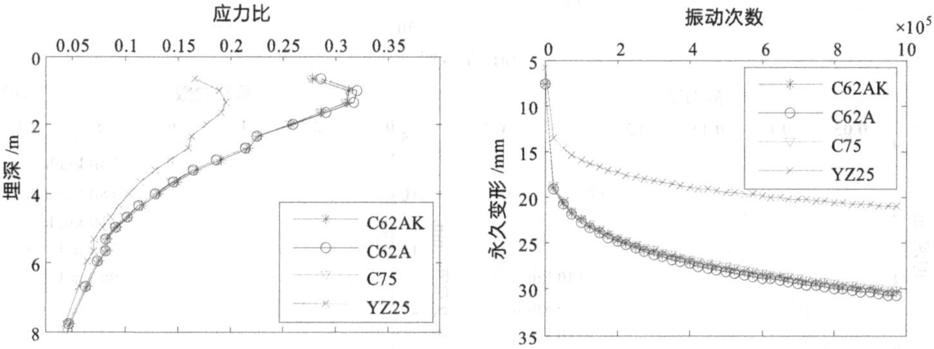

(b) 正常期

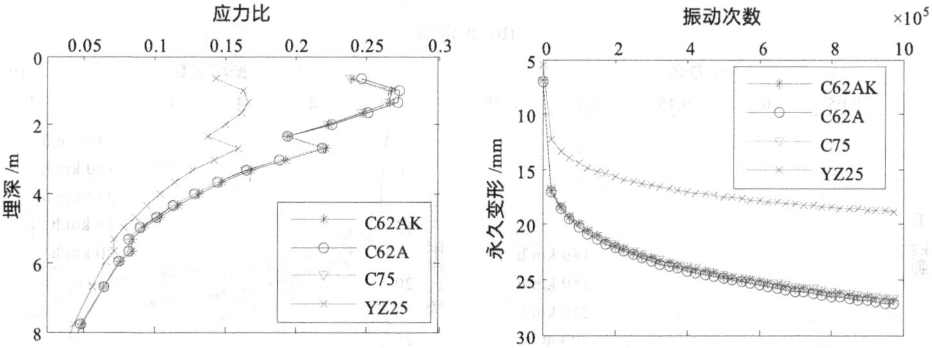

(c) 冻结期

图7-11 不同季节列车类型对路基应力比和永久变形的影响

7.4.3 行驶速度

图7-12所示为以普通客车YZ25为例，列车编组为1+10，行车速度分别为

70km/h、90km/h、140km/h、180km/h 和 210km/h，分别计算春融期、正常期和冻结期最大应力比与埋深的关系曲线、荷载次数与永久变形的关系曲线。

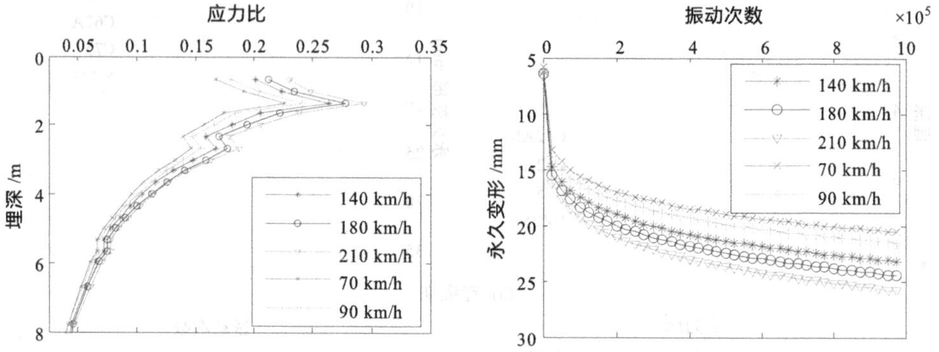

(a) 春融期

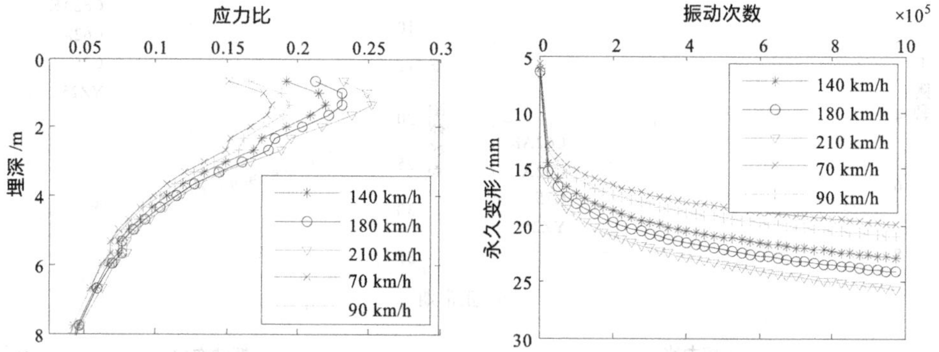

(b) 正常期

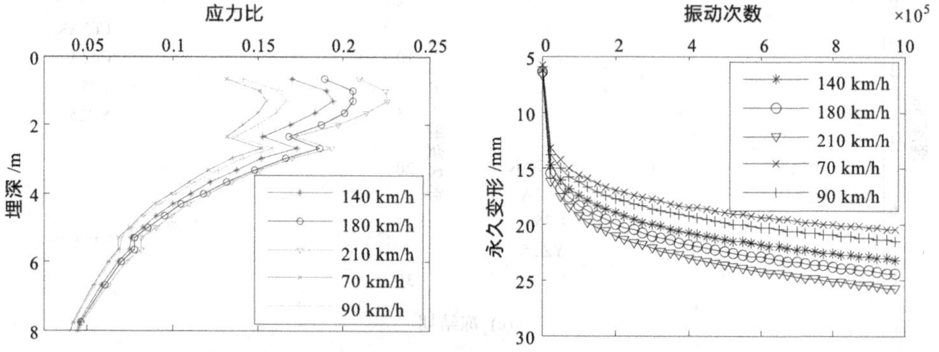

(c) 冻结期

图7-12 速度对路基应力比和永久变形的影响

由图可见，行车速度对路基内应力比和永久变形有一定影响。在不同冻结时期，在同一埋深位置，应力比与累积永久变形均随着行驶速度的增加而增大。

其原因在于，行车速度较高时，由列车引起的动偏应力增加，因而应力比和累积永久变形均随之增加。以春融期为例，对比行驶速度由 70km/h 增至 210km/h，最大应力比由 0.23 增至 0.29，增加了 21%；累积永久变形由 19mm 增至 21mm，增加了 10%，可见由行驶速度引起的累积永久变形不容忽视。

7.4.4 路基土层厚度

不同的路基厚度内，春融期、正常期和冻结期内最大应力比与埋深的关系曲线、荷载次数与累积永久变形的关系曲线如图 7-13 所示。由于路基深部应力比较浅层小，因此，当路基厚度逐渐增加时，相同荷载作用次数下土体的累积永久变形与春融期相差不明显，冻结期最小。这是由于在冻结期，冻土的强度和刚度增加，相同荷载作用次数下土体的累积永久变形减小；而在春融期，由于同时存在强度和刚度相对较小的融化层以及强度和刚度相对较大的冻结层。因此，在融化层范围内累积永久变形增加较大，当同时含融化层和冻结层时，

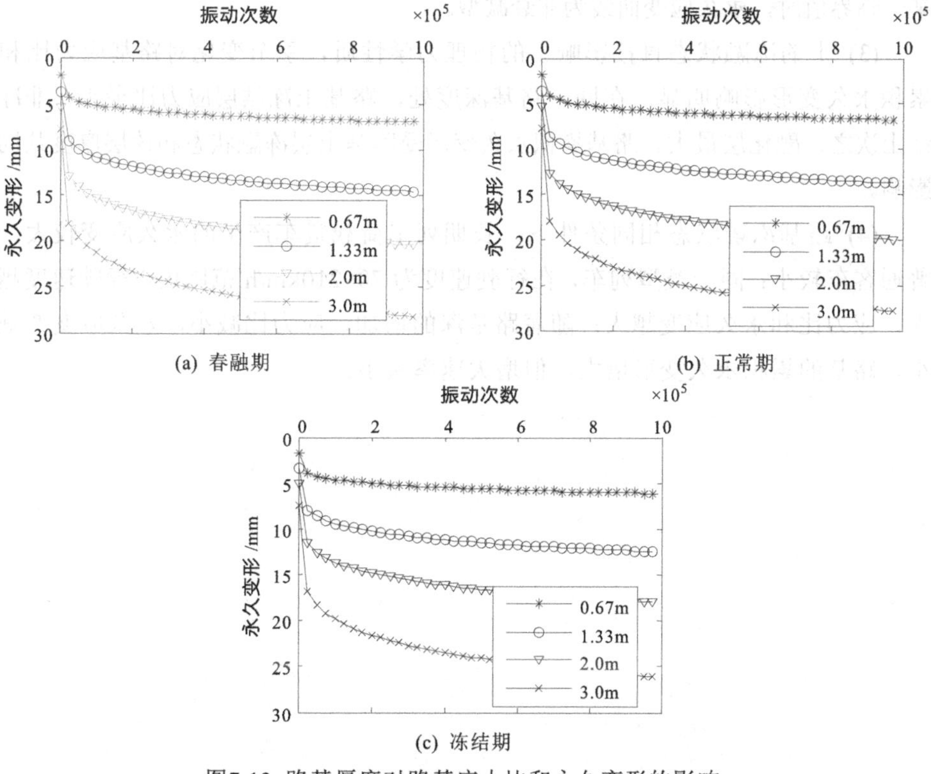

(a) 春融期

(b) 正常期

(c) 冻结期

图7-13 路基厚度对路基应力比和永久变形的影响

由于冻结部分累积永久变形较小，故与正常期相差不明显。

7.5 本章小结

本章基于冻土融土的动三轴永久应变试验和三轴固结不排水压缩试验，建立了深季节冻土区长期列车荷载下路基土永久应变模型，并结合本书所建立的季节冻土区三维铁路路基有限元温度场和动力响应模型，计算了不同冻结时期列车类型、行驶速度和路基厚度等因素对深季节冻土区长期列车荷载作用下路基累积永久变形的影响，得到如下结果：

(1) 通过三轴固结不排水压缩试验，获得了不同负温条件下路基土的三轴固结不排水静强度，发现温度对冻土静强度影响较大，负温越低静强度越大。

(2) 长期列车荷载下动力三轴试验表明，冻土负温和荷载幅值对路基土永久应变影响显著。在同一动荷载幅值下，负温越低，试件剪切模量增大，永久应变越小；在某一负温下，随动荷载幅值增加，永久应变显著增加，当荷载幅值大于某一临界值时，永久应变曲线为非衰减型。

(3) 土的冻融状态直接影响土的物理力学性质，季节变化对路基应力比和累积永久变形影响明显。在同一路基深度处，路基土冻结层应力比最小，非冻结土次之，融化层最大。路基累积永久变形受路基土层冻融状态和该层厚度共同影响。

(4) 路基冻融状态相同条件下，长期列车荷载货车产生的永久应变较大，普通客车较小；同一类型列车，在行驶速度为 70~210km/h 范围内，行驶速度越大，应力比和永久应变越大；随着路基深的增加，应力比减小，永久应变亦减小，路基的累积永久变形增大，但增大速率减小。

第 8 章 结论与展望

以我国东北典型深季节冻土区干线铁路路基冻害防治为应用背景，通过室内试验、现场监测与数值模拟相结合的技术手段，着眼于研究：①列车荷载作用下冻融土的动力性能与主要影响因素；②列车行驶引起季节性冻胀路基振动响应特性与主要影响因素；③列车行驶长期反复振动下季节性冻胀路基变形特点与主要影响因素等三方面关键基础科学问题，取得了若干重要新的认识与成果。

1.列车荷载下路基动力响应及影响因素分析

针对我国东北典型深季节冻土区铁路路基，采用现场监测与数值模拟相结合的技术手段，研究列车行驶引起季节性冻胀路基振动响应特性与主要影响因素。

(1) 分析列车行驶引起的加速度时程曲线发现，临近轨道的路基振动主要由周期性轮轨作用直接激发，可清晰辨识每一轮对通过引起的峰值循环；而远离轨道点，因场地滤波与振动叠加，多激励下路基-场地加速度时程曲线趋于纺锤形，轮对引起峰值循环不明显。

(2) 动应力和加速度均随距线路中心距离增加而减小，且其衰减速度同时减小，至路基底部幅值约为路基表层的 20%。列车运行时产生了竖向、纵向和横向 3 个方向振动。对于振动应力和加速度在正常期的衰减规律均为竖向振动最大，纵向次之，水平方向最小。

(3) 对于哈尔滨-满洲里铁路行驶速度在 70~210km/h 范围内，动应力具有 5 个明显频带 1~2Hz、2~10Hz、10~30Hz、30~100Hz 和 100~150Hz，其中在频带 1~2Hz 和 2~10Hz 范围内，对应的动应力有效值较大；加速度具有 3 个明显频带 2~10Hz、10~100Hz 和 100~150Hz，其中在 10~100Hz 频带范围内加速度幅值较大。

(4) 路基冻融状态对于加速度幅值影响明显，振动加速度幅值在冻结期最大，在正常期次之，在春融期最小，路基冻融状态对动应力影响不明显。

(5) 列车类型对动应力与加速度影响明显，轴重与载重越大，相应动应力与加速度幅值越大。随车厢数量增加，动应力与加速度幅值略增大。存在极限速度 180km/h，当行驶速度小于 180km/h 时，动应力与加速度幅值均随行驶速度增加而增加；当速度大于 180km/h 时，动应力与加速度幅值随速度增加均不再增加。

(6) 轨道不平顺谱对路基振动加速度具有显著影响，随着不平顺谱倍数增加，路基振动加速度幅值近似呈线性增长，当不平顺谱幅值为 0 时，加速度幅值几乎为 0。轨道不平顺谱倍数对动应力幅值亦有一定影响，随不平顺谱倍数增加而增加。

2.列车荷载下冻土动力学参数研究

采用室内低温动三轴试验方法，针对东北典型深季节冻土区铁路路基沿线分布较广泛的粉质黏土，系统研究了路基冻土融土动力性能、动力学参数与主要影响因素。

(1) 循环振动荷载作用下冻土、融土动应力-应变关系受负温、加载频率、荷载幅值、冻融循环次数等众多因素的联合影响，随负温降低、加载频率增加、荷载幅值增加动应力-应变骨干曲线变陡峭。

(2) 在列车作用下，冻土与融土变形本构关系可刻画为改进的 Hardin 双曲线模型。

(3) 冻融循环次数对冻土与融土的动力性能、动力学参数影响明显，经 3 次以上冻融循环，融土试样的动力学参数基本稳定。

3.季节冻土区长期列车荷载下路基永久变形

立足于路基冻土、融土静三轴压缩试验与动三轴永久应变试验，建立且验证了季节冻土区列车行驶长期反复振动下土的永久应变预测模型，据此系统分析了土的永久残余应变的基本特征与主要影响因素。

(1) 在同一动荷载幅值下，负温越低永久应变越小；在某一负温下，随动荷载幅值增加，永久应变显著增加，当荷载幅值大于某一临界值时，永久应变曲线为非衰减型。

(2) 土的冻融状态直接影响土的物理力学性质，季节变化对路基应力比和累积永久变形影响明显。在同一路基深度处，路基土冻结层应力比最小，非冻结土次之，融化层最大。路基累积永久变形受路基土层冻融状态和该层厚度共同影响。

(3) 轴重和载重对于路基动偏应力水平和累积永久变形影响比较显著，在路基冻融状态相同条件下，长期列车荷载货车产生的永久应变较大，普通客车较小。对于同一类型列车，在行驶速度为 70~210km/h 范围内，行驶速度越大，应力比和永久应变越大；随着路基深的增加，永久应变减小，路基的累积永久变形增大，但增大速率减小。

季节性冻土路基由于每年都要经历反复的冻融，路基的温度场是与水分场、应力场相互耦合的复杂体系。限于作者能力有限，本书对有些问题研究不够深入，今后可以在以下几个方面进一步深入探讨。

(1) 季节冻土区铁路路基在列车载荷下的振动是水-热-力三场相互作用的耦合体系。因此，在本书基础上考虑路基土体在冻融循环作用下的水分迁移，进而使季节冻土区列车载荷下路基振动响应的三维有限元模型更加真实反映季节冻土区铁路路基实际情况。

(2) 轨道不平顺谱是列车行驶振动响应的主要振源。因此，考虑季节冻土区路基冻胀、融沉引起的轨道不平顺谱因素，是准确分析季节影响铁路路基振动响应的重要条件。

通过以典型深季节冻区铁路路基为研究对象，对循环荷载作用下冻融土的动力学参数、路基振动响应特性、冻融土层对路基振动响应的影响以及长期列车荷载下铁路路基永久变形等科学问题进行了研究。主要创新点集中体现在以下方面：

(1) 首次针对深季节冻土区铁路路基进行一个完整冻融循环（冻结期、春融期、正常冻结期）的列车行驶引起铁路路基振动响应现场监测，获得了不同季节列车行驶路基振动响应特性与衰减规律。

(2) 采用参数化建模技术，建立了“轨枕-道床-路基-场地体系”三维动力无限元边界分析模型，通过引入某一时刻温度场分布作为初始场变量，能够很好地用于分析不同季节冻融条件下列车行驶路基振动响应特性、衰减规律与影响因 素等。

(3) 基于冻、融土三轴固结不排水压缩试验和动三轴永久应变试验，建立了深季节冻土区长期列车荷载下路基永久变形预测模型，基于此模型结合季节冻土区铁路路基三维振动响应模型，定量分析了不同季节冻融条件下列车的类型、轴重、速度与路基冻层的厚度对路基永久变形的影响。

参考文献

[1] 周幼吾, 郭东信, 邱国庆, 等. 中国冻土[M]. 北京: 科学出版社, 2000.

[2] 何华武. 快速发展的中国高速铁路[J]. 中国铁路, 2006(7): 23-31.

[3] 卢祖文. 高速铁路轨道技术综述[J]. 铁道工程学报, 2007(1): 41-54.

[4] 翟婉明, 蔡成标, 金学松. 轨道交通工程领域动力学基础研究[C]. 建筑、环境与土木工程学科发展战略研讨会论文摘要汇编, 2004, 12: 463-465.

[5] 王应先. 中铁西北科学研究院铁路工程地质世纪成就回顾[J]. 铁道工程学报, 2005(S1): 58-62.

[6] 马巍, 刘端, 吴青柏. 青藏铁路冻土路基变形监测与分析[J]. 岩土力学, 2008, 29(3): 571-579.

[7] 程国栋. 青藏铁路工程与多年冻土相互作用及环境效应[J]. 中国科学院院刊, 2002(1): 21-25.

[8] Auersch L. The Excitation of Ground Vibration by Rail Traffic: Theory of Vehicle–track–soil Interaction and Measurements on High-speed Lines[J]. Journal of Sound and Vibration, 2005, 284(1): 103-132.

[9] Knothe K, Wu Y. Reacceptance Behaviour of Railway Track and Subgrade[J]. Archive of Applied Mechanics, 1998, 68(7): 457-470.

[10] Bilow D N, Randich G M. Slab track for the next 100 years[C]. 2000 Annual Conference Proceedings of American Railway Engineering and Maintenance of Way Association, 2000.

[11] 周健, 贾敏才. 地下水位上升对土体震陷的影响[J]. 工业建筑, 1999, 32(3): 37-41.

[12] C.C.维压洛夫. 冻土流变学[M]. 刘建坤,等译. 北京: 中国铁道出版社, 2005.

[13] Vyalov, S S, Gmoshinskii, V G, Gorodetskii, S E, et al. The Strength and Creep of Frozen Soils and Calculations for Ice-soil Retaining Structures[M]. New Hampshire: Cold Regions Research and Engineering Laboratory, 1965: 76.

[14] Ladanyi B. An Engineering Theory of Creep of Frozen Soils[J]. Canadian Geotechnical Journal, 1972, 9(1): 63-88.

[15] Ting J. M. Tertiary Creep Model for Frozen Sand[J]. ASCE Journal of

Geotechnical Engineering, 1983, 109(7): 932-945.

[16] Hans Vaziri, Yingcai Han. Ful-scale Filed Studies of the Dynamic Response of Piles Embedded in Partially Frozen Soil[J]. Canadian Geotechnical Journal, 1991, 28:708-718.

[17] 刘奉喜, 刘建坤, 防建宏, 等. 多年冻土区铁路隔振沟隔振效果的数值分析[J]. 中国铁道科学, 2003, 21(2): 34-41.

[18] 刘建坤, 刘奉喜, 房建宏. 青海热水煤矿多年冻土区列车引起的地面振动检测与模拟[J]. 冰川冻土, 2004, 26(4): 177-180.

[19] 夏禾. 车辆与结构动力相互作用[M]. 北京: 科学出版社, 2002.

[20] 张克绪, 谢君斐. 土动力学[M]. 北京: 地震出版社, 1989.

[21] 卢乃宽. 世界高速铁路建设发展趋势[J]. 中国铁路, 2000, (3): 19-24.

[22] 何华武. 快速发展的中国高速铁路[J]. 中国铁路, 2006(7): 23-31.

[23] 卢祖文. 高速铁路轨道技术综述[J]. 铁道工程学报, 2007(1): 41-54.

[24] Broms B. B., Yao Y. C.. Shear Strength of a Soil after Freezing and Thawing[J]. Journal of the Soil Mechanics and Foundations Division, 1964, 90(4): 1-26.

[25] Ogata N., Kataoka T., Komiya A.. Effect of Freezing-Thawing on the Mechanical Properties of Soil[C]. Proceedings of the 4th International Symposium on Ground Freezing, Sapporo, Japan, 1985: 5-7.

[26] Graham J., Au V. C. S.. Effects of Freeze-Thaw and Softening on a Natural Clay at Low Stresses[J]. Canadian Geotechnical Journal, 1985, 22: 69-78.

[27] Formanek G. E., McCool D. K., Papendick R. I.. Freeze Thaw and Consolidation Effects on Strength of a Wet Silt Loam[J]. Transactions of the American Society of Agricultural Engineers, 1984, 27(6): 1749-1752.

[28] Tsarapov M. N.. Strength Capacity Evolution in Thawing Soil[J]. Moscow University Geology Bulletin, 2007, 62(6): 393-396.

[29] Simonsen E., Janoo V. C., Isacsson U.. Resilient Properties of Unbound Road Materials during Seasonal Frost Conditions[J]. Journal of Cold Regions Engineering, 2002, 16(1): 28-50.

[30] Simonsen E., Isacsson U.. Soil Behavior during Freezing and Thawing Using Variable and Constant Confining Pressure Triaxial Tests[J]. Canadian Geotechnical Journal, 2001, 38(4): 863-875.

[31] Alkire B. D., Mrrsion J. M.. Change in Soil Structure due to Freeze-Thaw and Repeated Loading[J]. Transportation Research Record, 1983, 918: 15-22.

[32] Berg R. L., Bigl S. R., Stark J. A., et al. Resilient Modulus Testing of Materials from Mn/ROAD, Phase 1[R]. US Army Cold Regions Research and Engineering Laboratory, CRREL Report, 1996: 1-20.

[33] 马巍，徐学祖，张立新. 冻融循环对石灰粉土剪切强度特性的影响[J]. 岩土工程学报, 1999, 21(2): 158-160.

[34] Liu Jiankun, Peng Liyun. Experimental study on the unconfined compression of a thawing soil[J]. Cold Regions Science and Technology, 2009, 58(1-2): 92-96.

[35] 王天亮，刘建坤，田亚护. 冻融作用下水泥及石灰改良土静力特性研究[J]. 岩土力学, 2011, 32(1): 193-198.

[36] 魏海斌，刘寒冰，宫亚峰，等. 动荷载下粉煤灰土冻融损伤特性试验[J]. 哈尔滨工业大学学报, 2009, 41(10): 110-113.

[37] 魏海斌，刘寒冰，高一平，等. 冻融循环对粉煤灰土动强度的影响[J]. 吉林大学学报（工学版）, 2007(3): 329-333.

[38] 戴文亭，魏海斌，刘寒冰，等. 冻融循环下粉质黏土的动力损失模型[J]. 吉林大学学报（工学版）, 2007, 37(4): 790-793.

[39] Zhang Y. Impact of Freeze-Thaw on Liquefaction Potential and Dynamic Prosperities of Mabel Creek Silt[D]. Ph.D. Dissertation, University of Alaska Fairbanks, 2009: 78-152.

[40] Li J C, G Y Baladi, O B Andersland. Cyclic Triaxial Tests on Frozen Sand[J]. Engineering Geology, 1979, 13(4): 233-246.

[41] T Chaichanavong. Dynamic Properties of Ice and Frozen Clay under Cyclic Triaxial Loading Conditions[D]. Dep. of Civil and Sanitary Engineering. Michigan State Univ., East Lansing, 1976.

[42] J M Ting, R T Martin, C C Ladd. Mechanisms of Strength for Frozen Sand[J]. Journal of Geotechnical Engineering, 1983, 109(10): 1286-1302.

[43] W. D. L. Finn, R. N.Yong. Seismic Response of Frozen Ground[J]. Journal of the Geotechnical Engineering Division. ASCE, 104, Oct. 1978, 1225-1241.

[44] T S Vinson, T Chaichanavong, R L Czajkowski. Behavior of Frozen Clays under Cyclic Axial Loading[J]. Journal of the Geotechnical Engineering Division. ASCE,

104, GT7, 1978, 779-800.

[45] T S Vinson, Li J C. Dynamic Properties of Frozen Sand under Simulated Earthquake Loading Conditions[C]. Proceedings of the Seventh World Conference on Earthquake Engineering. Turkish National Committee on Earthquake Engineering. Istanbul, 1980, (3): 65-72.

[46] Zhu Yuanlin, He Ping, Zhang Jiayi, et al. Triaxial creep model of frozen soil under dynamic loading[J]. Progress in Natural Science, 1997, 7(4): 465-468.

[47] 何平，朱元林，等．冻土的变形性能与泊松比[J]．地下空间，1999, 19(5): 115-118.

[48] 徐春华，徐学燕，沈晓东．不等幅值循环荷载下冻土残余应变研究及其 CT 分析[J]．岩土力学，2005, 26(4): 572-576.

[49] 徐学燕，朱元林，丁靖康，等．循环荷载下冻土的动弹模及临界动应力[C]．第五届全国冰川冻土学论文集（上）．甘肃文化出版社，1996, 707-711.

[50] 沈忠言，张家懿．围压对冻结粉土动力特性的影响[J]．冰川冻土，1997, 19(3): 245-251.

[51] 施烨辉，何平，卞晓琳．青藏铁路高温冻土动力学参数试验研究[J]．路基工程，2006(5): 93-95.

[52] 赵淑萍，朱元林，何平，等．冻土动力学参数测试研究[J]．岩石力学与工程学报，2003, 22(S2): 2677-2681.

[53] 赵淑萍，马巍，何平，等．不同振幅的振动荷载作用下冻结粉土的蠕变特征[C]．第二届全国岩土与工程学术大会，2006, 10: 418-424.

[54] 凌贤长，徐学燕，徐春华，等．冻结哈尔滨粉质黏土超声波速测定试验研究[J]．岩土工程学报，2002, 24(4): 456-459.

[55] Ling Xianzhang, Xu Xueyan, Qiu Mingguo, et al. Ultrasonic Experiment Study on Dynamic Elastic Mechanical Indexes of Frozen Silty Clay[C]. In: Proceedings of the 5th International Symposium on Permafrost Engineering, 2002: 38-42.

[56] 凌贤长，徐学燕，邱明国，等．冻结哈尔滨粉质黏土动三轴试验 CT 检测研究[J]．岩石力学与工程学报，2003, 22(8): 1244-1249.

[57] 何平，朱元林，张家懿，等．饱和冻结粉土的动弹模与动强度[J]．冰川冻土，1993, 15(1): 170-174.

[58] 沈忠言，张家懿．冻结粉土的动强度特性及其破坏准则[J]．冰川动土，1997,

19(2): 41-148.
[59] 徐学燕，仲丛利，陈亚明，等．冻土的动力特性研究及其参数确定[J]．岩土工程学报, 1998, 20(5): 77-81.
[60] 张淑娟，赖远明，李双洋，等．冻土动强度特性试验研究[J]．岩土工程学报, 2008, 30(4): 595-599.
[61] 王丽霞，胡庆立，凌贤长，等．青藏铁路重塑冻结粉质黏土动剪切模量试验研究[J]．地震工程与工程振动, 2007, 27(2): 177-180.
[62] 王丽霞，凌贤长．多年冻土场地路基地震动位移性状研究[J]．世界地震工程, 2004, 20(2): 112-116.
[63] 王丽霞．冻土动力性能与冻土场地路基地震反应研究[D]．哈尔滨：哈尔滨工业大学, 2004: 26-56.
[64] 徐春华，徐学燕．循环荷载下冻土的动阻尼比试验研究[J]．哈尔滨建筑大学学报, 2002, 35(6): 22-25.
[65] 王丽霞，胡庆立，凌贤长，等．青藏铁路冻土未冻水含量与热参数试验[J]．哈尔滨工业大学学报, 2007, 39(10): 1660-1663.
[66] Ling Xian-zhang, Zhu Zhan-yuan, Zhang Feng, et al. Dynamic Elastic Modulus for Frozen Soil From the Embankment on Beiluhe Basin along the Qinghai-Tibet Railway[J]. Cold Regions Science and Technology, 2009, 57(1): 7-12.
[67] 朱占元．青藏铁路列车行驶多年冻土场地路基振动反应与振陷预测[D]．哈尔滨：哈尔滨工业大学, 2009.
[68] 朱占元，陈士军，凌贤长，等．人造多晶冰的动力学参数试验研究[J]．岩土工程学报, 2013(4): 77-81.
[69] 齐吉琳，李海鹏，赖远明，等．季节冻土场地上的地脉动特征[J]．冰川冻土, 2004, 26(4): 449-453.
[70] 吴志坚，马巍，王兰民，等．地震荷载作用下温度和围压对冻土强度影响的试验研究[J]．冰川冻土, 2003, 25(6): 648-652.
[71] 吴志坚，王兰民，马巍，等．地震荷载作用下冻土的动力学参数试验研究[J]．西北地震学报, 2003, 25(3): 210-214.
[72] 王兰民，张冬丽，吴志坚，等．地温对冻土动力特性及其场地地震动参数的影响[J]．中国地震, 2003, 19(3): 195-205.
[73] 王兰民，孙军杰．特殊土动力学的发展战略与展望[J]．西北地震学报, 2007,

29(1): 88-93.

[74] Li Xiaozhi, Xu Xueyan, Xu Chunhua. The Influence on Ground Seismic Hazard of Frozen Soil Shear-Wave Velocity[C]. Proceedings of the 5th International Symposium on Permafrost Engineering, 2002: 43-47.

[75] 徐学燕, 徐春华, 李小稚. 冻土场地地震加速度反应谱研究[J]. 岩土工程学报, 2003, 25(6): 680-683.

[76] Zhang Jianmin, Zhu Yuanlin, Zhang Jiayi. Experimental study on settlement of model piles in frozen soil under dynamic loading[J]. Science in China, Ser.D, 1999, (S1):27-33.

[77] Yuanming Lai, Ziwang Wu, Yuanlin Zhu, et al. Elastic Visco-Plastic Analysis for Earthquake Response of Tunnels in Cold Regions[J]. Cold Regions Science and Technology, 2000(31): 175-188.

[78] 高峰, 陈兴冲, 严松宏. 季节性冻土和多年冻土对场地地震反应的影响[J]. 岩石力学与工程学报, 2006, 25(8): 1639-1644.

[79] Madshus C., Kaynia A. M. High-speed Railway Lines on Soft Ground: Dynamic Behavior at Critical Train Speed[J]. Journal of Engineering Mechanics, 2005, 131(7): 699-711.

[80] AUERSCH L. Wave Propagation in the Elastic Half-space Due to an Interior Load and its Application to Ground Vibration Problems and Buildings on Pile Foundations[J]. Soil Dynamics and Earthquake Engineering, 2010, 30(10): 925-936.

[81] Zhi-gang Cao, Anders Bostrom. Dynamic Response of a Poroelastic Half-space to Accelerating or Decelerating Trains[J]. Journal of Sound and Vibration, 2013, (332): 2777–2794.

[82] Madshus C, Kaynia A M. High-speed Railway Lines on Soft Ground: Dynamic Behavior at Critical Train Speed[J]. Journal of Sound and Vibration, 2000, 231(3): 689-701.

[83] Takemiya H. Substructure Simulation of Inhomogeneous Track and Layered Ground Dynamic Interaction Under Train Passage[J]. Journal of Engineering Mechanics, 2005, 131(7): 699-711.

[84] H. Xia, N. Zhang, Y. M. Cao. Experimental Study of Train-induced Vibrations of

Environments and Buildings[J]. Journal of Sound and Vibration, 2005, 280: 1017-1029.
[85] 夏禾，等. 交通环境振动工程[M]. 北京：科学出版社, 2010.
[86] 高广运，李志毅，冯世进，等. 秦沈铁路列车运行引起的地面振动实测与分析[J]. 岩土力学, 2007, 28(9): 1817-1822, 1827.
[87] 翟婉明. 车辆-轨道耦合动力学[M]. 3 版. 北京：科学出版社, 2007.
[88] 孙雨明. 铁路交通产生的地面振动与排桩隔振[D]. 上海：同济大学, 2003.
[89] 聂志红，李亮，刘宝琛，等. 秦沈客运专线路基振动测试分析[J]. 岩石力学与工程学报, 2005, 24(6): 1067-1071.
[90] 屈畅姿，王永和，魏丽敏，等. 武广高速铁路路基振动现场测试与分析[J]. 岩土力学, 2012, 33(5): 1451-1456.
[91] 郑大为，王炳龙，周顺华，等. 合宁快速客运专线膨胀土不同刚度路堤振动特性研究[J]. 岩石力学与工程学报, 2006(S2): 4204-4208.
[92] 陈斌，陈国兴，朱定华，等. 轨道交通运行引起的场地振动试验研究[J]. 防灾减灾工程学报, 2007, 27(3): 312-317.
[93] 孙志忠，马巍，李东庆. 青藏铁路北麓河试验段块石路基与普通路基的地温特征[J]. 岩土工程学报, 2008, 30(2): 303-308.
[94] 牛富俊，马巍，吴青柏. 青藏铁路主要冻土路基工程热稳定性及主要冻融灾害[J]. 地球科学与环境学报, 2011, 33(2): 196-206.
[95] 田亚护，温立光，刘建坤. 季节冻土区铁路路基变形监测及冻害原因分析[J]. 铁道建筑, 2010(7): 104-107.
[96] 刘华，牛富俊，牛永红，等. 季节性冻土区高速铁路路基填料及防冻层设置研究[J]. 岩石力学与工程学, 2011, 30(12): 2549-2557.
[97] Harlan R. L. Analysis of Coupled Heat-fluid Transport in Partially Frozen Soil [J]. Water Resource Research, 1973, 9 (3): 1314-1323.
[98] Fukuda. Heat Flow Measurements in Freezing Soils with various Freezing Front Advancing Rates[C]. Proceedings of the 14th Canadian Permafrost Conference, 1982.
[99] Fukuda, M., Nakagawa, S. Numerical Analysis of Frost Heaving Based Upon the Coupled Heat and Water Flow Model[J]. Low Temperature Science, Series A (Physical Sciences), 1986, 45: 109-117.

[100] Guymon G L. Diffusion Hydrodynamic Model of Shallow Estuary[J]. Journal of Water Resouces Planning and Management, 1994, 20.
[101] 郭兰波, 等. 竖井冻结壁温度场的有限元分析[J]. 中国矿业学院学报, 1981, (3): 31-35.
[102] R.M.费尔德曼著. 冻土温度状况计算方法[M]. 徐学祖, 程国栋, 丁德文, 等译. 北京: 科学出版社, 1982.
[103] 安维东. 冻土的温度水分应力及其相互作用[M]. 兰州: 兰州大学出版社, 1990.
[104] 王劲峰. 土冻结动态温度场计算公式[J]. 科学通报, 1989(13): 1002-1005.
[105] 李宁, 陈波, 陈飞熊. 寒区复合地基的温度场水分场与变形场的三场耦合模型[J]. 木工程学报, 2003, 36(10): 66-71.
[106] 李南生. 水工建筑物冻结过程非线性温度-水分场解析数值分析[J]. 内蒙古河套灌区管理局永济管理局实验站, 1995, 11.
[107] 陈飞熊, 李宁, 程国栋. 饱和正冻土多孔多相介质的理论构架[J]. 岩土工程学报, 2002, 24(2): 213-218.
[108] 赖远明, 刘松玉, 吴紫汪. 寒区挡土墙温度场、渗流场和应力场耦合问题的非线性分析[J]. 土木工程学报, 2003, 36(5): 88-95.
[109] 毛雪松, 胡长顺, 侯仲杰. 冻土路基温度场室内足尺模型实验[J]. 长安大学学报（自然科学版）, 2004, 24(1): 30-33.
[110] 朱志武, 宁建国, 马巍. 土体冻融过程中水、热、力三场耦合本构问题及数值分析[J]. 工程力学, 2007, 24(5): 138-144.
[111] 王铁行, 胡长顺, 王秉纲, 等. 考虑多种因素的冻土路基温度场有限元方法[J]. 中国公路学报, 2000, 13(4): 8-11.
[112] 米隆, 赖远明, 吴紫汪, 等. 高原冻土铁路路基温度特性的有限元分析[J]. 铁道学报, 2003, 25(2): 62-67.
[113] 牛富俊, 刘华, 牛永红, 等. 季节冻土区高速铁路路堑段路基稳定性试验研究[J]岩石力学与工程学报, 2013, 32(2): 4032-4040.
[114] LARSEN L A, KRZEWINSKI T G, BERGMAN J B. Use of Rigid Insulation below Grade for Roadways and Parking Areas[C]. Proceedings of the 6th International Specialty Conference. New York: ASCE, 1991: 428-437.
[115] 胡宇. TIF 保温板在青藏高原多年冻土区路基工程中的应用研究[D]. 成都:

西南交通大学, 2003: 39-52.

[116] 葛建军. 青藏铁路多年冻土区保温护道路基温度场数值模拟研究[J]. 冰川冻土, 2008, 30(2): 274-279.

[117] 许健, 牛富俊, 牛永红, 等. 季节冻土区保温路基设计参数[J]. 土木建筑与环境工程, 2009, 31(3): 83-89.

[118] 汪双杰, 陈建兵, 黄晓明. 冻土路基护道地温特征研究[J]. 岩石力学与工程学报, 2006, 25(1): 146-151.

[119] 孙增奎, 王连俊, 白明洲, 等. 青藏铁路多年冻土路堤温度场的有限元分析[J]. 岩石力学与工程学报, 2004, 23(20): 3454-3459.

[120] 许健, 牛富俊, 牛永红, 等. 季节冻土区防冻胀护道对保温路基地温特征影响效果研究[J]. 铁道学报, 2011, 33(3): 84-90.

[121] 刘雪珠, 陈国兴. 轨道交通荷载下路基土的动力学行为研究进展[J]. 防灾减灾工程学报, 2008, 28(2): 248-255.

[122] Sheng X, Jones C J C, Petyt M. Ground Vibrationgenerated by a Load Moving along a Railway Track[J]. Journal of Sound and Vibration, 1999, 228(1): 129-156.

[123] Dieterman H A, Metrikine A V. Steady-state Displacements of a Beam on an Elastic Half-space Due to a Uniformly Moving Constant Load[J]. European Journal Mechanics A Solids, 1997, 16(2): 295-306.

[124] Hirokazu Takemiya, Shuehi Satonaka, Xie W P. Rain track-ground dynamics due to high speed moving source and ground vibration transmission[C]. Procedure, Proceedings of Japan Society of Civil Engineers, Nagoya, 2001, 299-309.

[125] Kaynia A M, Madshus C, Zackris-son P. Ground Vibration from High-speed Trains: Prediction and Countermeasures[J]. Journal of Geotechnical and Geoenvironmental Engineering, ASCE, 2000, 126(6): 531-537.

[126] 王常晶, 陈云敏. 列车荷载在地基中引起的应力响应分析[J]. 岩石力学与工程学报, 2005, 24(7): 1178-1186.

[127] Hendry M, Hughes D, Barbour L, et al. Train Induced Dynamic Response of Railway Track and Embankments over Soft Peat Foundations[C]. Proceedings 59th Canadian Geotechnical Conference, Vancouver: Canadian Geotechnical

Society, 2006.

[128] Hall L. Simulations and Analyses of Train-induced Ground Vibrations[D]. Stockholm, Sweden: Royal Institute of Technology, 2000.

[129] Heelis M E, Collop A C, Dawson R D, et al. The "Bow-wave" Effect in Soft Subgrade Beneath High Speed Rail Lines[C]. Performance Verification of Constructed Geotechnical Facilities, Geotechnical Engineering Special Publication, 2000, 338-349.

[130] A.El Kacimi, P.K. Woodward, O. Laghrouche, et al. Time Domain 3D Finite Element Modelling of Train-induced Vibration at High Speed[J]. Computers and Structures, 2013, (118): 66-73.

[131] Hai Huanga, Steven Chrismer. Discrete Element Modeling of Ballast Settlement Under Trains Moving at "Critical Speeds"[J]. Construction and Building Materials, 2013, (38): 994-1000.

[132] Yoshihiko SATO. Theoretical Analysis on Vibration of Ballasted Track[J]. QR&RTRI, 1988, 29(1).

[133] 张玉娥, 白宝鸿. 地铁列车振动对隧道结构激振荷载的模拟[J]. 振动与冲击, 2003, 26(2): 82-89.

[134] 刘维宁, 夏禾, 郭文军. 地铁列车振动的环境响应[J]. 岩石力学与工程学报, 1996, 15(增刊): 586-593.

[135] 马学宁, 梁波. 高速铁路路基结构时变系统耦合动力分析[J]. 铁道学报, 2006, 28(5): 65-70.

[136] 雷晓燕. 高速列车对道砟的动力响应[J]. 铁道学报, 1997, 19(1): 114-121.

[137] 刘宏扬. 冻土场地路基列车高速行驶振动反应研究[D]. 哈尔滨: 哈尔滨工业大学, 2006.

[138] 李涛. 青藏铁路多年冻土区路基结构的动力分析[J]. 铁道工程学报, 2007, (3): 29-32.

[139] 于洋. 冻土路基列车行驶振动反应研究[D]. 哈尔滨: 哈尔滨工业大学, 2006.

[140] 李双洋, 张明义, 张淑娟, 等. 列车荷载下青藏铁路冻土路基动力响应分析[J]. 冰川冻土, 2008, 30(5): 860-867.

[141] 陈士军. 青藏线含融化夹层和地下冰冻土路基列车行驶振动响应[D]. 哈尔滨: 哈尔滨工业大学, 2013.

[142] 王立娜. 青藏铁路多年冻土区列车行驶路基振动反应与累积永久变形[D]. 哈尔滨：哈尔滨工业大学, 2013.
[143] 李德武. 列车振动荷载的数值分析[J]. 甘肃科学学报, 2002, 21(4): 65-71.
[144] H.Jenkins, J. E. Stephenson, G. A. Clayton, et al. The Effect of Track Parameters on Wheel/Rail Vertical Dynamoical Forces[J]. The Railway Engineering J., 1974: 2-16.
[145] 潘昌实, G. N. Pande. 黄土隧道列车动荷载响应有限元[J]. 土木工程学报, 1994, 17(4): 19-28.
[146] 梁波，蔡英. 不平顺条件下高速铁路路基的动力分析[J]. 铁道学报, 1999, 21(2): 84-88.
[147] 边学成, 陈云敏. 列车荷载作用下轨道和地基的动响应分析[J]. 力学学报, 2005, 37(4): 477-484.
[148] 李军世, 李克训. 高速铁路路基动力响应的有限元分析[J]. 铁道学报, 1995, 17(1): 66-75.
[149] Qiu Yanjun. Permanent Deformation of Subgrade Soils Laboratory Investigation and Application in Mechanistic-Based Pavement Design[D]. Ph.D. Dissertation, University of Arkansas, 1998: 95.
[150] Barksdale R. D.. Laboratory Evaluation of Rutting in Base Course Materials[C]. Proceeding of the 3rd International Conference on the Structural Design of Asphalt Pavement, University of Michigan, 1972: 161-174.
[151] Monismith C. L., Ogawa. N., Freeme C. R.. Permanent Deformation Characteristics of Subgrade Soils due to Repeated Loading[J]. Transporation Research Record, 1975, (537): 1-17.
[152] Li D., Selig E. T.. Cumulative Plastic Deformation for Fine-Grained Subgrade Soils[J]. Journal of Geotechnical and Geoenvironmental Engineering, 1996, 122(12): 1006-1013.
[153] Niekerk A. A., Scheers J., Muraya P., et al. The Effect of Compaction on the Mechanical Behavior of Mix Granulate Base Course Materials and on Pavement Performace[C]. Unbound Aggregates in Road Construction, Dawson(ed.) Balkema, Rotterdam, 2000: 125-136.
[154] Paute J. L., Hornych P., Benaben J. P.. Repeated Load triaxial Testing of

Granular Materials in the French Network of Laboratories des Ponts et Chaussees Flexible Pavement[C]. Flexible Pavements, Proc., Eur. Symp. Euroflex 1993, A. G. Correia, ed., Balkema, Rotterdam, Netherlands, 1996: 53-64.

[155] Puppala A. J., Saride S., Chomtid S.. Experimental and Modeling Studies of Permanent Strains of Subgrade Soils[J]. Journal of Geotechnical and Geoenvironmental Engineering, 2009, 135(10): 1379-1389.

[156] Li D., Selig E. T.. Method for Railroad Track Foundation Design. II: Applications[J]. Journal of Geotechnical and Geoenvironmental Engineering, 1998, 124(4): 323-329.

[157] Qiu Yanjun. Permanent Deformation of Subgrade Soils Laboratory Investigation and Application in Mechanistic-Based Pavement Design[D]. Ph.D. Dissertation, University of Arkansas, 1998: 95.

[158] Chai J. C., Miura N.. Traffic-Load-Induced Permanent Deformation of Road on Soft Subsoil[J]. Journal of Geotechnical Engineering Division, 2002, 128(11): 907-916.

[159] Kim I. T.. Permanent Deformation Behavior of Airport Flexible Pavement Base and Subbase Courses[D]. Ph.D. Dissertation, University of Illinois at Urbana-Champaign, 2005: 177-199.

[160] El-Badawy S. M. A.. Development of a Mechanistic Constitutive Model for the Repeated Load Permanent Deformation Behavior of Subgrade Pavement Materials[D]. Ph.D. Dissertation, Arizona University, 2006: 240-305.

[161] 钟辉虹，黄茂松，吴世明，等. 循环荷载作用下软黏土变形特性研究[J]. 岩土工程学报, 2002, 24(5): 629-632.

[162] 凌贤长，王子玉，张锋，等. 京哈铁路路基冻结粉质黏土动剪切模量试验研究[J]. 岩土工程学报, 2013, 35(S2): 38-43.

[163] 张宏博，黄茂松，宋修广. 循环荷载作用下粉细砂累积变形的等效黏塑性本构模型[J]. 水利学报, 2009, 40(6): 651-658.

[164] 姜岩，雷华阳，郑刚，等. 循环荷载下结构性软土变形预测[J]. 交通运输工程学报, 2011, 11(1): 13-18.

[165] 周建，龚晓南. 循环荷载作用下饱和软黏土应变软化研究[J]. 土木工程学报,

2000, 33(5): 75-79.
[166] 蒋军. 循环荷载作用下黏土应变速率试验研究[J]. 岩土工程学报, 2002, 24(4): 528-531.
[167] 唐益群, 黄雨, 叶为民, 等. 地铁列车荷载作用下隧道周围土体的临界动应力比和动应变分析[J]. 岩石力学与工程学报, 2003, 22(9): 1566-1570.
[168] 王军, 蔡袁强. 循环荷载作用下饱和软黏土应变累积模型研究[J]. 岩石力学与工程学报, 2008, 27(2): 331-338.
[169] 陈颖平, 黄博, 陈云敏. 循环荷载作用下结构性软黏土的变形和强度特性[J]. 岩土工程学报, 2005, 27(9): 1065-1071.
[170] 陈颖平, 黄博, 陈云敏. 循环荷载作用下软黏土不排水累积变形特性[J]. 岩土工程学报, 2008, 30(5): 764-768.
[171] 高启聚, 郭忠印, 丛林, 等. 重复荷载作用下粘性路基土的永久变形预估[J]. 同济大学学报（自然科学版）, 2008, 36(11): 1521-1525.
[172] 张勇, 孔令伟, 郭爱国, 等. 循环荷载下饱和软黏土的累积塑性应变试验研究[J]. 岩土力学, 2009, 30(6): 1542-1548.
[173] 吴敏哲, 张柯, 胡卫兵, 等. 地铁行车荷载作用下饱和黄土的累积塑性应变[J]. 西安建筑科技大学学报（自然科学版）, 2011, 43(2): 316-322.
[174] Gräbe P. J., Clayton C. R. I.. Effects of Principal Stress Rotation on Permanent Deformation in Rail Track Foundations[J]. Journal of Geotechnical and Geoenvironmental Engineering, 2009, 135(4): 555-565.
[175] 黄茂松, 李进军, 李兴照. 饱和软黏土的不排水循环累积变形特性[J]. 岩土工程学报, 2006, 28(7): 891-895.
[176] 姚兆明, 黄茂松, 张宏博. 长期循环荷载下粉细砂的累积变形特性[J]. 同济大学学报（自然科学版）, 2011, 39(2): 204-208.
[177] Zhu Zhanyuan, Ling Xianzhang, Chen Shijun, et al. Experimental Investigation on the Train-Induced Subsidence Prediction Model of Beiluhe Permafrost Subgrade along the Qinghai-Tibet Railway in China[J]. Cold Regions Science and Technology, 2010, 62 (1): 67-75.
[178] 彭丽云, 刘建坤. 正融粉质黏土在循环荷载作用下的变形特性研究[J]. 岩土工程学报, 2010, 32(4): 567-572.
[179] 焦贵德, 赵淑萍, 马巍. 冻融循环后高温冻结粉土在循环荷载下的动力特性

试验研究[J]. 土木工程学报, 2010, 43(12): 107-113.

[180] 凌建明, 王伟, 邬洪波. 行车荷载作用下湿软路基残余变形的研究[J]. 同济大学学报, 2002, 30(11): 1315-1320.

[181] 李进军, 黄茂松, 王育德. 交通荷载作用下软土地基累积塑性变形分析[J]. 中国公路学报, 2006, 19(1): 1-5.

[182] 董亮, 蔡德钩, 叶阳升, 等. 列车循环荷载作用下高速铁路路基累积变形预测方法[J]. 土木工程学报, 2010, 43(6): 100-108.

[183] 边学成, 曾二贤, 陈云敏. 列车交通荷载作用下软土路基的长期沉降[J]. 岩土力学, 2008, 29(11): 2990-2996.

[184] 赵学思. 高速铁路路基体计算中的列车荷载模拟问题研究[J]. 铁道勘察, 2007, (3): 55-56.

[185] Hardin B O, Drnevich V E. Shear Modulus and Dam Ping in Soils Design Equations and Curves[J]. Journal of Soil Mechanics and Foundation, ASCE, 1972, 98(SM7): 603-642.

[186] Martin P P, Seed H B. One Dimensional Dynamic Gmund Response Analysis[J]. Journal of Geotechnical Engineering, ASCE, 1982, 108(7): 935-954.

[187] Mahmoud Ghazavi, Mahya Roustaei. Freeze–thaw Performance of Clayey Soil Reinforced With Geotextile Layer[J]. Cold Regions Science and Technology, 2013, 89: 22-29.

[188] Hardin B. O., Drnevich V. P.. Shear Modulus and Damping in Soils Design Equations and Curves[J]. Journal of the Soil Mechanics and Foundations Division, 1972, 98(7): 667-692.

[189] 王勖成, 邵敏. 有限单元法基本原理和数值方法 [M]. 2 版. 北京:清华大学出版社, 1997.

[190] 王子玉, 凌贤长, 刘宏扬, 等. 深季节冻土区列车行驶路基振动数值模拟研究[J]. 防灾减灾工程学报, 2014, (01) :1-6.

[191] 费康, 张建伟. ABAQUS 在岩土工程中的应用[M]. 北京: 中国水利水电出版社, 2010.

[192] 沈珠江. 基于有效固结应力理论的黏土土压力公式[J]. 岩土工程学报, 2000, 22 (3): 353-356.

后　记

本书主要由海南热带海洋学院王子玉博士撰写，云南农业大学王立娜博士参与了本书资料的整理工作。感谢国家自然科学基金青年项目（41602322）、海南省重点研发项目（ZDYF2017100）、海南省高等学校科学研究一般项目（7-663）和学科带头人和博士研究生科研启动经费项目（RHDXB201614）对于本书出版的资助。

由于自身的才疏学浅，书中难免存在疏漏之处，恳请各位专家批评指正。

作　者

2018 年 11 月